犬種別
一緒に暮らすための
ベーシックマニュアル
Yorkshire Terrier

もっと楽しい
ヨークシャー・
テリア ライフ

編：愛犬の友編集部

誠文堂新光社

Yorkshire Terrier

CONTENTS

1 ヨークシャー・テリアの魅力をさぐる

- 愛らしい容姿と負けん気の強さが魅力 —— 14
- 室内の害獣を駆除するために作出された —— 16
- ヨークシャー・テリアのスタンダードを知ろう —— 18
- 独特のスチールブルーが印象的な被毛 —— 20
- ヨークシャー・テリアと暮らす楽しみとは？ —— 22
- **コラム** 犬を飼うためのお金ってどれくらいかかるの？ —— 24

2 子犬を迎える

- ヨークシャー・テリアを飼いたいと思ったら —— 26
- 子犬の選び方を知っておこう —— 28
- 迎える前に準備しておきたいもの —— 30
- 部屋の環境を整えておこう —— 32
- 家族でルールを決めておこう —— 34
- お迎えする日の心構えとは？ —— 36
- 血統書ってどんなもの？ —— 38
- **コラム** 犬を飼ったら住んでいる市町村区で登録を行うこと —— 40

3 子犬の育て方

- 教えておきたいトレーニング —— 42
- トイレトレーニング —— 44
- クレートトレーニング —— 46
- オスワリ・フセのトレーニング —— 48
- マテ・オイデのトレーニング —— 50
- いろいろな物事に慣れてもらう —— 52
- 慣らしておきたい物事 —— 54
- 体にさわられることに慣らす —— 56
- 抱っこに慣らす —— 57
- 愛犬と楽しく遊ぼう —— 58
- オススメの遊び方 —— 60
- 子犬の食事 —— 62
- 愛犬と楽しく散歩しよう —— 64
- **コラム** 去勢・避妊について —— 68

4 成犬との暮らし方

- 成犬の食事 —— 70
- 肥満にさせないよう気をつける —— 72

CONTENTS

5 グルーミングの基本と毎日のケア

日々のお手入れとグルーミングケア —— 86
顔周りの日常のお手入れ —— 88
ボディ周りの日常のお手入れ —— 89
シャンプーとドライング —— 90
コラム ペット保険って必要? —— 92

6 シニア犬との暮らし方

老化のサインを知っておこう —— 94

愛犬と楽しくお出かけしよう —— 74
成犬にありがちなトラブル対処方法 —— 76
①インターフォンに吠える・気配や物音に吠える —— 77
②他の人や犬に吠える・他の人や犬に飛びかかる —— 78
③拾い食いが多い —— 79
④物や場所を守って怒る —— 80
⑤体をさわると怒る —— 81
交配・出産は慎重に考えよう —— 82
コラム 犬の気持ちはボディランゲージからも推測できます —— 84

8 病気とケガ

動物病院との上手なつきあい方 —130
日頃から健康チェックを —132
伝染性の病気を予防する —134
もしものときの応急処置 —136
ひと目でわかる病気の見分け方 —138
注意しておきたい主な病気 —140

7 12カ月の健康と生活

1月 —104
2月 —106
3月 —108
4月 —110
5月 —112
6月 —114
7月 —116
8月 —118
9月 —120
10月 —122
11月 —124
12月 —126

コラム 東洋医学も選択肢のひとつ —128

シニア犬の食事と運動 —96
シニア犬の注意したい病気 —98
認知症について —100

コラム 愛犬との別れとペットロス —102

撮影協力：安斉喜久
　　　　　小林真由美

ヘルスチェックメモ

愛犬のヘルスチェックメモをつけて、毎日の健康管理に役立てましょう。ふだんからつけておけば、いざというときに動物病院で健康状態の説明にも役立ちます。

名前 _____	年齢 _____ オス・メス
体重 ____ kg	避妊・去勢 □している（ ___ 歳） □していない
食事 1回の量 ____ g／1日 ____ 回	
おやつ 種類 _____ 1回の量 ____ g／1日 ____ 回	
サプリメント □与えている 種類 _____／□与えていない	

予防接種

接種日 ____ 年 ____ 月 ____ 日（ワクチンの種類 _____）
フィラリア予防薬 投与日 ____ 年 ____ 月 ____ 日
ノミ・ダニ予防薬 投与日 ____ 年 ____ 月 ____ 日
過去の病気・ケガ _____
現在治療中の病気・ケガ _____
現在与えている薬 _____

体調管理

食欲 □ある □なし
水の摂取量 □多い □少ない（変化がある場合はその様子 _____）
運動量 □変化なし □増えた □減った（変化がある場合はその様子 _____）
排泄 □変化なし □下痢（便の状態 _____・いつから _____）
排尿 □変化なし □増えた 減った（尿の状態 _____・いつから _____）
嘔吐 □ある □なし
その他変化が見られる部位・様子 _____

1 ヨークシャー・テリアの魅力をさぐる

大きな瞳と愛嬌溢れる表情で魅力いっぱいのヨークシャー・テリア。この犬種の魅力のもとを探ってみます。

愛らしい容姿と負けん気の強さが魅力

▷ お座敷犬としてかわいがられた小型テリア種

● 日本では早くから室内で飼われる犬だった

きらきらと輝くまん丸のお目々、さらさらしたゴージャスな被毛。細くて華奢な体つき。きゅっと結んだ口元がかわいいヨークシャー・テリア。

もとの名は「ブロークン・ヘアード・スコッチ・オア・ヨークシャー・テリア」で、英国スコットランドのヨークシャー地方のワイヤー・ヘアーを持つ犬、という意味です。日本では「ヨーキー」の愛称でも呼ばれます。

日本では、わりと早めに認識された小型犬で戦前から輸入されていたとされますが、はっきりとしたことはわかっていません。高度経済成長時代にはマルチーズと並んで、当時ではあまりいなかった室内で飼う犬、いわゆる「お座敷犬」として愛されてきました。現在でも、共同住宅などでも飼いやすい大きさなどが理由となり、JKCの犬種別登録数では長年10位以内にランクイン。根強い人気をうかがわせます。

● 本来は活発で勇敢テリア種の気質を残す

ヨークシャー・テリアというと、愛らしい容姿と華奢な体つきのせいもあ

り、か弱そうというイメージを持つ人もいるようです。確かにおとなしくてシャイな性格のヨーキーもいますが、活発で勇敢な子も多くいます。名前に「テリア（小動物を狩る犬）」が入っていることからもわかるように、ヨーキーももともとは作物を荒らすネズミを捕獲するために作出された犬種。現在のヨーキーにも多少なりとも、作業犬の気質は残っていて、活発な気質や負けん気の強さに表れているのです。

また、作業犬ならではの鋭敏な感覚も持っているので、警戒心が強く出る場合もあります。他の人や犬が苦手という子もいます。ヨーキーを飼う場合は、愛らしい容姿を愛でるだけでなく、こういったヨーキーの気質を理解しておくといいでしょう。

ヨーキーの魅力

- 容姿がとにかく愛らしい
- 華奢な見た目に反して、勇敢で活動的な子が多い
- 飼い主への愛情が深い
- 性格にもよるが、さまざまな事を一緒に楽しめる
- 一緒にどこにでも出かけられる

その一方で、ヨーキーは甘えん坊で飼い主さんに一途。彼らからの真摯な愛情信頼が、飼い主さんの心をとても豊かにしてくれるはずです。

● 小型だけど運動神経抜群 さまざまなことを楽しめる

作業犬として作出されたヨーキーなので運動能力は高く、飼い主さんと何かするのが好きな子は少なくありません。中にはヨーキーを相棒に、アジリティや競技会、ドッグダンスなどを楽しむ飼い主さんもいます。愛犬が社交的であり、トレーニング好きならば、小型犬だからと可能性を狭めてしまわず、さまざまな物事にチャレンジしてみるのもいいでしょう。

反対に、あまり他の人が好きではなかったりトレーニングが得意でないようだったら、一通りのマナーとルールを教え、社会化が進んだら、愛犬と穏やかにのんびり暮らすのもいいかもしれません。前述したように、ヨーキーの性格は本当に千差万別。愛犬に合わせた過ごし方を考えてあげましょう。

● 性格に合わせた社会化・トレーニングをしっかり行う

この犬種は飼い主さんに対して愛情深く、家族とそれ以外をはっきり区別する傾向があります。また、体が小さいためどうしても恐怖心・警戒心が強くなり、それが吠えなどの行動に出やすくなります（個体差があるので、誰にでもフレンドリーで何事にも物怖じしないヨーキーも多くいます）。だからこそ、人間社会で暮らしていくために必要な社会化・トレーニングを、しっかり行っておきましょう。

ヨークシャー・テリアは賢い犬種なので、性格に合わせた社会化・トレーニングを行えば必ずそれに答えてくれます。飼い主さんとヨーキーは、ともに生活を楽しむパートナーになれるでしょう。

室内の害獣を駆除するために作出された

⇨ 愛らしい容姿から上流階級で愛されるように

この犬種は19世紀に英国ヨークシャー地方で作出されました。それがそのまま犬種の名前に残っています。

当時のヨークシャー地方では、倉庫や工場を荒らすネズミに悩まされていました。家の中のネズミを狩るための小さな狩猟犬として、ヨーキーは作られたのです。交配にはスカイ・テリア、マンチェスター・テリア、ウォーターサイド・テリア（エアデール・テリア）やマルチーズ、その他の犬も複数使われたといいますが、明確にはわかっていません。犬種の固定化が進むなかでどんどん小型化されていきました。

そうして、労働者階級の間で作業犬として過ごしていたヨーキー（この頃はまだ正式名称も決まっていませんでしたが）は、やがて愛らしい容姿と美しい毛並み、そして活発な性格から貴族階級に愛されるようになります。

英国上流階級には犬の愛好家も多かったので、彼らによって犬種の固定化がさらに進みました。初めてドッグシ

犬種の固定が進む中でどんどん小型化していく

1930年代のイギリスの犬の図鑑に掲載されている当時のショードッグ。ラッピングされている姿は今と同じ。

大きさは今のヨーキーよりも大きめのサイズだったという。

16

ヨークシャー・テリアの魅力をさぐる

当時のヨーキー。顔つきも今とやや異なるように見える。

1930年代ということで過渡期の姿。

ヨーに出陳されたのは1861年。翌年に「ブロークン・ヘアード・スコッチ・オア・ヨークシャー・テリア」と命名されましたが、あまりに長いので1870年に正式に「ヨークシャー・テリア」の名前が決まります。英国ケネルクラブ公認の犬種となったのは1882年のことでした。

アメリカに渡ったのは1872年のこと。この頃はまだオーストラリアン・テリアやオーストラリアン・シルキー・テリアと混同されていて、明確に犬種がわかれていませんでした。1932年に3犬種の交配が禁止されて、犬種の確立がなされたといいます。

欧米の愛好家により容姿が洗練される

欧米の愛好家は、ヨーキーの被毛を美しく、そしてボディや容姿を愛らしく小さくなるように努力してきました。その結果が現在のヨーキーです。

日本には戦前からやってきていましたが、はっきりした記録は残っていません。戦後の高度経済成長時代には、室内で飼える「お座敷犬」として一定の人気を得ていました。現在でも人気犬種のひとつになっています。

被毛の美しさはこの犬種の大きな特徴。

ヨークシャー・テリアのスタンダードを知ろう

→スタンダードには犬の魅力が詰まっています

● 容姿や体格が定められている「スタンダード」

犬種にはそれぞれ「スタンダード」が定められています。現在登録されている純血種はほとんどが、人間が用途に合わせ、さまざまな犬を組み合わせて作出したものです。だから誰もがわかる〝犬種の理想的なスタイル〟が必要とされました。それが「スタンダード（犬種標準）」です。ヨーキーにも理想的な容姿、体格、性格や毛色などが細かく定められています。ヨーキーと暮らすうえでスタンダードの知識が絶対必要ではありませんが、知っておけば魅力が深まるでしょう。また美しいヨーキーを未来につなげていくためにも、スタンダードは重要ていくためにも、スタンダードは重要

ヨーキーのスタンダード

ボディ
コンパクトである。背中のトップラインは水平で、あばらはほどよく張っている。全体的に活き活きとした印象で、バランスが取れている。

尾
背の高さよりもわずかに高く保持する。ボディの他の部分よりもダークなブルーで、それは先端において顕著である。

被毛
・ボディーは長く、完全にまっすぐで光沢がある。立派な絹糸状の毛質であり、ウーリーではない。耳のつけ根とマズルにかけては大変長くてはならない。鮮やかなゴールデン・タンであり、頭部の両側で色が濃くなる。
・ダーク・スチール・ブルーの被毛が後頭部からシッポのつけ根まで入る。フォーン、ブロンズ、ダークの毛と混ざることはない。胸は鮮やかな光沢のあるタンである。

四肢
前足はまっすぐで、鮮やかなゴールデン・タンの被毛で十分に被われている。根元よりも毛先のほうがわずかに明るく、肘よりも上に伸びない。後ろから見ると後ろ足はまっすぐ。膝はほどよく曲がっている。鮮やかなゴールデン・タンの被毛で十分に被われ、膝より上に伸びない。

● ヨークシャー・テリアの魅力をさぐる

です。あまりにスタンダードから外れた犬の交配を続けると、ヨーキーの形や性質が崩れてしまったり、遺伝的な病気の原因となることもあります。

もちろん、家庭犬として過ごすのならば、体格や体重などが少しくらいスタンダードから外れていてもまったく問題ありません。大事な家族の一員として、かわいがってあげてください。

耳
小さくV字型。直立していて、両耳の間は離れすぎないこと。短毛で被われていて、リッチ・タン（濃い色）である。

目
中くらいの大きさで、ダークで活き活きとしている。鋭く知的な表情で、まっすぐに前を向いている。出目ではない。目の縁はダークである。

鼻
ブラックである。

歯
完全で規則正しいシザーズ・バイト（下の歯の切歯の外側が、上側の切歯の内側に接する）である。

頭部
やや小さく平らである。突出していたり、丸すぎたりするのは望ましくない。マズルも長すぎないこと。

体格
体重：～3.1kgまでとされる

独特のスチールブルーが印象的な被毛

→ 一生のうち、7回毛色が変わるといわれます

犬種標準では1色のみが認められている

ヨークシャー・テリアには、毛色の種類というものがありません。スタンダードで定められているのは「ダーク・スチール・ブルー」という青みがかった黒毛のみ。この毛色は光の加減で青っぽく見えたりグレーに見えたりして、ヨーキー独特の被毛を形作っています。

ダーク・スチール・ブルーと、「ゴールデン・タン」と呼ばれる鮮やかな茶褐色が組み合わさり、美しくも複雑な光沢を持つヨーキーの毛色を生み出しています。毛色の種類は少ないですが、ブルーとタンそれぞれに濃淡があるうえに2色の組み合わせ方が千差万

ヨーキーの毛色

ダーク・スチール・ブルーといわれる黒毛と、ゴールデン・タン（鮮やかな茶褐色）の組み合わせで成り立っている。濃淡や毛色の入り方はヨーキーによって個体差があり、それが個性となって現れている。

ヨークシャー・テリアの魅力をさぐる

 ヨークシャー・テリアの被毛はとても個性的に見えるのが特徴です。

 また、ヨークシャー・テリアは一生のうちで7回毛色が変わるといわれています。子犬の頃は濃い目のブラック&タンで、徐々にブラックよりもブルーが際立つようになりブルー&タンになります。この状態がもっともヨーキーらしいといえるでしょう。やがて、年齢を重ねていくとともにブルーがシルバーになったり、タンがゴールドになったりします。これらの変化がトータルでだいたい7回ほど。これほど変化する犬種は、犬全体の中でもめずらしいでしょう（個体差があるので、厳密に7回とは言い切れません）。

 この毛色の変化の美しさから、ヨーキーは「動く宝石」とも呼ばれます。

ヨークシャー・テリアと暮らす楽しみとは?

→ 遊んだり出かけたり、さまざまなことが楽しめます

● 可能性に満ちた犬種

賢く愛らしく、飼い主さんのことが大好きなヨークシャー・テリア。迎えた瞬間から、飼い主さんはヨーキーのかわいらしさや愛らしさに夢中になるでしょう。

飼い主さんが大好きで甘えん坊、でも極端におとなしいわけでなく活発に遊ぶ子も多いので、ヨーキーと一緒にいろいろなことが楽しめます。

◆ 愛犬と寄り添って
落ち着いた時間を過ごせる

飼い主さんが大好きで、いつもそばにくっついて来たがるタイプも多いこの犬種。リビングでくつろぐあなたの膝に乗ってきて甘えたり、お昼寝したりということも……。飼い主さんは、かわいらしい愛犬の姿に癒やされ、ヨーキーは飼い主さんに甘えられて満足と、お互いに素敵な時間を過ごせるでしょう。愛犬のシルキーな被毛をなでれば心が落ち着いてくるはずです。

その一方で、警戒心が高く、家族以外の人が苦手なヨーキーも少なくありません。人間社会の中でうまく暮らすためには、その子に合わせた適切な社会化が必要になってきます。それが飼い主さんとの信頼にもつながります。

◆ いろいろなことに
チャレンジができる

華奢なイメージをもたれがちな犬種ですが、生来はとても活発で勇敢。賢く強い精神を持っています。オモチャで遊んだり、ドッグランで走ったりとアクティブな遊びを好むタイプもいるので、愛犬の性格に合わせた遊び方を見つけてあげましょう。ただし骨格が華奢なので、骨折や脱臼をしやすい犬種です。あまりに乱暴な遊びは骨や関節に負担がかかるので注意を。

また、アジリティや訓練競技会、ドッグダンスなどで優秀な成績を収めているヨーキーも多くいます。愛犬がフレンドリーで活発、何かをするのが好きなら、いろいろなことにチャレンジするのもおもしろいでしょう。

ヨークシャー・テリアの魅力をさぐる

◆ 小型犬なのでどこでも一緒に出かけられる

犬を飼ったら一緒にお出かけしてみたいと考える飼い主さんは多いでしょう。ヨーキーは小型犬なので、キャリーバッグやカートを用いればどこでもお出かけしやすい犬種です。

ヨーキー自身も飼い主さんと出かけることが好き。ぜひいろいろな場所に連れて行ってあげましょう。

外出前には社会化を進めておき、いろいろな物事にならしておくことが大切です。また、犬によっては外出が好きでない子もいるので、愛犬の性格を見極めてあげましょう。

ヨーキー 気になるQ&A

Q お年寄りとの相性は?

愛らしい容姿から勘違いされやすいですが、テリア種のヨーキーは警戒心が強い犬種。社会化やトレーニングをしっかり行わないと、吠えや問題行動の原因になることも。そういったことを知らないでお年寄りが飼うと、お世話が大変になるケースもあります。それをクリアできるのであれば、ヨーキーは愛情深い犬種ですから、よいパートナーになってくれるでしょう。

Q 子どもとの相性は?

ヨーキーには繊細な面があり、子どもの大声や突然の動きを怖がってしまうことも。また子どもが手荒く扱うとケガの可能性もあります。

その一方で、ヨーキーはとても家族思いの犬種です。前述のような事態に十分注意して飼うなら、子どもともよい関係が築けるはずです。

Q 留守番は得意?

ヨーキーは飼い主さんが大好きな分、留守番があまり得意とはいえません。しかし、とても賢い犬種なので、きちんとトレーニングすれば、留守番も問題なくできるようになります。

とはいえ、愛犬との関係を作るうえでも、家に迎えてすぐに長時間の留守番をさせるような飼い方はおすすめしません。平日に長く留守番をさせるようだったら、休日にたっぷり愛犬との時間を取ってあげるなど、生活スタイルに工夫をしましょう。

Q 多頭飼いは向いている?

ヨーキーは意外と保守的で、縄張り意識も強い傾向があります。相性の悪いヨーキー同士だと一緒に暮らすのは難しくなります。しかし、相性のいい子ならばとても仲良くなるケースも。多頭飼いの成否は、先住犬の性格やトレーニングよるところが多いです。先住犬が他の犬と暮らして幸せか、よく考えてあげるといいでしょう。

また安易な多頭飼いは、犬の生活をダメにしてしまいます。多頭飼いにかかる労力、金額、先住犬の性格などをしっかりと考えてからにしましょう。

Column

犬を飼うためのお金ってどれくらいかかるの？

　犬を飼うためには、それなりのお金がかかります。知らないで飼い始めると、「こんなにかかるの？」と驚くかもしれません。

　まず最初に必要なのが、子犬の購入資金です。ペットショップやブリーダーによって変わりますが、ヨーキーはだいたい15～25万円前後になります。そして、子犬のために必要な道具（P.30を参照）の購入資金。高いものから安価なものまでありますが、全部をそろえると数万円はかかります。

犬と暮らすうえでかかる基本の費用

● 準備
- 子犬の購入費用
- 準備アイテム購入費用

ヨーキーならばだいたい15～25万円前後が相場です。サークル、トイレ、首輪や食器、フードなど日常品をそろえる費用、畜犬登録・予防接種などにかかる費用を合わせて3万円前後を見ておくといいでしょう。

● 毎月かかるもの
- フード代、オヤツ代
- トイレシーツ代

ドッグフードやオヤツ、トイレシーツなどの消耗品で、最低でも月に1万円程度はかかります。フードの値段によってかなりの差が出てきます。また、毎月ではないですが、オモチャ代や病院代なども必要です。

● 年にかかるもの
- 狂犬病予防接種費用
- フィラリア予防費用
- 混合ワクチン接種費用
- ノミ・ダニ予防費用

毎年春の狂犬病予防接種は義務づけられています。だいたい3000円程度です。感染症やフィラリア予防なども行うのが一般的です。その他、健康診断や検査などを入れると毎年3～5万円は医療費にかかる計算です。

　実際に犬と暮らし始めると、まず絶対に必要になるのがフード代。与える量は注意すべきとはいえ、オヤツも用意しておきたい飼い主さんは多いでしょう。こちらも高価なものから割安のものまで千差万別です。

　その他、日常生活でいえばトイレシーツも消耗品です。オモチャ遊びが大好きな子だったら、オモチャも必要になります。

　また、かわいい愛犬と一緒に出かけたくなる飼い主さんも多いはず。愛犬を喜ばせるためにドッグランに出かけたり、仲良く旅行に出かけたりとレジャーにかける出費は、人だけのときよりも多くかかるようになります。

　忘れてはいけないのが光熱費。ヨーキーは暑さ寒さに弱い犬種ですから、冷暖房は欠かせません。電気代は確実にかさみます。

　ヨーキーは丈夫な犬種ですが、歯のトラブルなどが起こりやすい傾向もあります。病院通いになることも……。さらに、シニア犬の介護も考えなくてはいけません。犬の寿命が延びた現代では、愛犬にかかる生涯医療費は総額100万円以上といわれています。

　犬を飼うときには、こういったかかるお金のことも考慮に入れて、生涯十分に世話ができるか考えたうえで家族に迎えましょう。

2 子犬を迎える

ヨークシャー・テリアの子犬を迎えるというときに、まずは知っておきたいこと、準備しておきたいことをまとめてみました。

ヨークシャー・テリアを飼いたいと思ったら

→ 迎え入れる方法は主に3パターンになります

どの方法にもメリット・デメリットがある

子犬との出会いは時に運命的です。素敵な縁を逃さないためにも、子犬の購入方法をいくつか紹介しましょう。どの方法もメリット・デメリットがあるので、ご家庭に一番合った方法を選んでください。

❶ ペットショップから迎える

犬を飼いたいと思ったとき、一番最初に思い浮かべるのがペットショップでしょう。ほとんどのショップでは子犬を抱っこさせてくれるので、それで犬にメロメロになってしまい、連れて帰る飼い主さんも少なくありません。

ペットショップのメリットは身近であり、道具などがそろえやすいこと。店舗によってはいろいろな相談ができることです。その一方で、残念なことに、あまり質の良くないペットショップが存在することも事実です。店内の様子、店員の態度、アフターフォローがあるかなど見極めてから購入するといいでしょう。次ページのポイントを参考にしてください。

❷ 専門ブリーダーから迎える

一番オススメしたいのがこの方法。専門的知識が豊富なブリーダーがしっかりした考えのもと、良質な子犬をブリーディングしているので、理想的な犬に出会える可能性が高くなります。

ブリーダー購入のメリットは親犬が見られること。子犬がどのように成長するのか、予想がつきやすい点です。また親元から離さずに生育しているので、親犬やきょうだい犬との触れあいを通して、大事な最初の社会化ができきていることも大きなメリットです。

❸ インターネットを活用する

最近ではインターネットを通じての子犬販売も増えてきました。すぐ探せる、気に入った子を探しやすいなどの利点もありますが、悪質な業者もいて希望した子犬と違う子犬が送られてくるなど、トラブルも聞きます。業者の評判は必ず確認しておくこと。

また、現在は法律で子犬は対面販売が義務づけられています。ネットでリサーチしてもよいですが、必ず子犬と実際に会って状態を確認しましょう。

🐾 子犬を迎える

それぞれの購入方法のメリット・デメリット

ペットショップ

メリット
- 子犬を見られる
- すぐに購入できる
- 道具などがそろいやすい

デメリット
- 極端に怖がり、病気がちなど、質のよくない子犬がいることも
- 店によって対応がまちまち

ブリーダー

メリット
- 実際に子犬が見られる
- 母犬、父犬が見られる
- 子犬の生育環境を知ることができる
- 良質な子犬が迎えられる
- 子犬期の社会化が身につきやすい

デメリット
- ブリーダーを見つけにくい
- 希望する子犬がいない場合がある
- 悪質ブリーダーがいないわけではない

ネットショップ

メリット
- 即時性がある
- たくさんの情報が収集できる
- 子犬の比較がしやすい

デメリット
- ブリーダーさんが遠方のこともある
- 悪質な業者がいないわけではない

ペットショップ選びのポイント

店内のにおいはしないか
ショップに入ったとたん、独特なにおいがこもっていたら掃除がいい加減なのかも。子犬やケージの衛生状態も心配です。排泄物などで汚れていないか、確認しましょう。

接客態度が悪くないか
質問に誠実に応えてもらえるか。店員が犬に対して知識を持っているか。店員の態度はショップオーナーの考え方そのものです。子犬の育て方について尋ねたとき、納得いく答えが返ってこなかったら要注意です。

アフターフォローがしっかりしているか
購入直後に子犬が病気になってしまった、死んでしまったときに、どのような対応をしてくれるのか。保障制度のようなものがあるか確認しておくといいでしょう。獣医師と提携して健康チェックをしているショップはさらに信用がおけます。

ブリーダー選びのポイント

犬舎が清潔か（犬舎を見せてもらえるか）
汚れていたり、独特のにおいがこもっている犬舎は衛生状況が不安です。見学したい旨を伝え、にべもなく断られる場合も避けたほうがよいでしょう。

子犬は母犬と一緒に暮らしているか
生まれてから生後2ヵ月頃までは母犬のそばにいて、きょうだい犬とともに犬社会のことを教わっています。もし一緒に暮らしていないなら、理由を聞いてみましょう。

犬種にたいしてどのような考えを持っているか。
ブリーダーは犬種の専門家です。しかし、中には次から次に人気犬種に手を出したり、お金のために過度な繁殖をしてしまうブリーダーもいます。評判を必ず確認しましょう。

ネットショップのポイント

購入前に子犬や親犬に会わせてくれるか
ネットショップでも現在は動物愛護法で子犬の販売は対面販売が義務づけられています。事前に会って犬や飼育の様子を確認しましょう。

子犬の出自がしっかりしているか
ネットショップでは、複数のブリーダーから子犬を集めて販売していることも。どのようなブリーダーなのか、確認しておくといいでしょう。

アフターフォローがあるか
ペットショップと同様、購入直後に子犬が病気になってしまった、死んでしまったときに、保障制度のようなものがあるか確認しておくといいでしょう。

その他の購入方法
里親募集サイト、保健所から犬を迎える方法もあります。ただし、迎えられる犬はほとんどが成犬です。初めて犬を飼う初心者には少しハードルが高くなります。また、知り合いの家で生まれた子犬を引き取る、という方法もあります。

子犬の選び方を知っておこう

→ かわいらしさよりも性格で選びましょう

● 子犬の遊び方を見ればベースの性格がわかる

子犬を選ぶとき、ついかわいらしい見た目を優先しがち。しかし、何よりも大事なのは性格と、飼い主さんとの相性です。1頭だけでケージにいるときだけでなく、複数の犬と広い場所で遊んでいる姿を見てみるといいでしょう。飼い主さんの育て方で子犬の性質は変わってきますが、ベースになる性質を見て取ることができます。

例えば、きょうだい犬たちと激しくじゃれあったり、初めて会った人に対してすぐに近寄ってくるタイプ。陽気で元気、社交性のあるタイプですが、その分パワフルで相手に飛びかかったりという行動が出てくることも。

また、人の姿を見て犬舎に逃げ込むような子は、それだけ性格がシャイ。警戒心が強くて、社会化に時間がかかるタイプの可能性もあります。

飼い主さんのフィーリングも大事です。少しシャイだと感じても、この子犬だったら育てたいと思った感覚は大切です。それが出会いなのです。

● オス・メスよりも性格と相性を重視

オスとメス、どちらを飼うか。これは個人の好みの問題であり、どちらがいい、悪いとはいえません。

オスの特徴には、ヒート（シーズン）がない、去勢すると甘えん坊で子どもみたいな性格が残りやすい、などがあり、メスの特徴には、マーキングが少ない、情け深い性質が多い、などです。でも、メスでもマーキングする子もいるので一概には言い切れません。

体格は、どの犬種においてもだいたいオスのほうががっちりめ。全体的に骨が太く大ぶりです。メスのほうが顔や全体的な骨格が小さくなります。どうしてもオス、メスの希望がある場合は別ですが、さほどこだわりがないのだったら、性別よりも子犬の性格、飼い主さんとの相性を優先させ、選択の基準にしてもいいでしょう。

子犬を迎える

子犬選びのためのボディチェック

耳
左右のバランスがよく、内部はきれいなピンク色をしていること。いやなにおいがしたり、耳垢で黒く汚れていないか確認を。しきりにかいたり、床に押しつけているなら異常があるのかも。

目
生き生きと輝き、澄んだ瞳をしている。目やにや涙で目の周りが汚れていないか確認しましょう。先天的な視覚障害がないか、ボールやペンライトの光を追わせて判断を。

鼻
適度な湿り気があり、つややかな色をしています。鼻水が出ている、カサカサしている、呼吸音が変などの状態は注意が必要です。

口
歯茎や舌がきれいなピンク色をしていること。さわれるようならば口を開けて歯の並びや歯茎の様子を見られるといいでしょう。口臭もチェック。

皮膚
程よく弾力があり、毛艶がよい。カサついていたり、フケや汚れがないか確認しましょう。べたついた感触があるなら、皮膚疾患の可能性が。

肛門
周囲に便がついていないか確認を。ベタベタしていたり汚れが残っていたら、内臓に何か疾患がある可能性があります。

行動
活発に動いている、気持ちよさそうに寝ているのは健康な証拠。動きが鈍い、食欲がなさそうといった場合は、どこかに問題がある可能性が。

足
足の指の握りがしっかりしていて、べたっと指が開いていないか。かかとがついていないか確認。

子犬に見られる性格

子犬の性格は主に4つに分かれます。

●イケイケタイプ
好奇心旺盛で、何事にもまず我先に突進していくタイプ。全体的に怖い物知らずで、パワフルでやんちゃ。

●マイペースタイプ
少し様子見をしてから近寄ってくるタイプ。慣れるのに時間が少しかかりますが、慣れるととてもフレンドリーです。

●フレンドリータイプ
好奇心旺盛で楽しそうだけど、イケイケほど勢いはないタイプ。程よくやんちゃで、程よく落ち着いています。

●シャイタイプ
初めての人には怖くて近寄れないタイプ。すべての物事に対して、慣れるのに時間がかかります。

タイプによってトレーニングの方法も異なってきます。詳しくはP.43を確認してください。

迎える前に準備しておきたいもの

→ できるだけ事前に準備をしておくと安心です

準備物を嫌がることも臨機応変に動こう

迎える子犬が決まったら、必要な準備をしておきましょう。子犬が来た日から、慌ただしくも楽しい日々が始まります。できるだけ事前準備をしておくに越したことはありません。

ベッドやトイレトレイの形など、準備したものを子犬がいやがったり、使わなかったりする場合もあります。絶対にこれでなくてはいけない、という思い込みを捨てて、自分の愛犬は好むものはどんな形でどんな材質なのか、いろいろと試すことも必要です。

サークル

サークルを子犬が安心して落ち着いていられるスペースにしてあげましょう。中にベッド、食事用の食器などを置きましょう。設置する場所は居間やリビングなど、家族の集まる場所。さまざまな人に慣らせる社会化にもなりますし、子犬に寂しい思いもさせません。

クレート

サークルとは別にクレートを用意しておいて、子犬の休憩場所にしてもかまいません。小さい頃からクレートに慣らせておくと移動や外出が楽になります。トレーニング方法はP.46を参考にしてください。

ベッド

簡単に洗えるものが衛生的で、オススメです。迎えた季節によって、素材や形状を考慮しましょう。

フードボウル

フード用、水用のふたつを用意します。適度に重さがあってずれないものがオススメ。ステンレス製、陶器製がいいでしょう。サークルに取り付ける形の自動給水器ではうまく水を飲めない犬もいるので、ボウルに汲んでおくほうがベターです。衛生には気をつけて。

子犬を迎える

フード

迎えた当初は、ペットショップやブリーダー宅で食べていたフードを食べさせたほうが安全です。月齢に合わせてフードを変えていきましょう。

トイレ＆トイレシーツ

子犬の頃からトイレトレーニングを行って、室内排泄ができるようにしておくと楽ちんです。トイレトレイを使わずに、シートだけでもOK。サークル内に置くのが一般的ですが、ベッドに近すぎるといやがる子がいます。

グルーミンググッズ

いわゆるお手入れグッズです。コームやブラシをそろえておきましょう。来た直後は使いませんが、追々と爪切りや爪ヤスリもそろえて、小さい頃から爪切りに慣らしておけば、シニア犬になってもお手入れが安心です。

首輪やリード

散歩に行くまではまだ間がありますが、細くて軽い首輪とリードをつけて、慣れさせておくのは悪いことではありません。3～4ヵ月までは首輪とリードが一体になったものがオススメ。絡んだりしないように注意を。

オモチャ

愛犬と遊ぶことは大事なコミュニケーションの一環です。いくつかオモチャを用意して、愛犬が好むもので遊んであげましょう。何を好むかは愛犬次第なので、形状や用途の違うものをいくつか用意しておくとよいです。知育玩具もそろえておくと、愛犬のトレーニングにも役立ちます。

部屋の環境を整えておこう

→ 子犬が遊んでも安心な部屋づくりを目指して

◆ 好奇心旺盛な子犬が危険にならないように

子犬を迎えると決まったら、用品の準備と同時に進めたいのが環境の整理です。どの犬種でも、子犬は体が未熟で、体調も不安定なもの。けれど、興味あるものに近づいたり、挑戦したりする子もいます。それがケガや体調を崩す原因になることも。思わぬアクシデントを避けるために、安全で快適な環境作りを心がけましょう。

◆ サークルは居間に設置する

まず、先にも述べたように、子犬のいるサークルは人が集まるリビングや居間に設置するといいでしょう。飼い主さんの様子を見られるので、犬が寂しくありません。さまざまな物音にも慣れやすくなります。

子犬は暑さ寒さに弱いうえに体温調節がまだうまくいきません。サークルに直接エアコンの風が当たらないほうがベスト。窓際で直射日光が当たりすぎるのも夏場は絶対にNGです。

◆ 床はキレイにしておくこと

せっかく愛犬を迎えたのだから、サークルから出して一緒に遊ぶことも多いはず。そのためには部屋をきれいにしておきましょう。輪ゴムやヘアピンなど小物が落ちていると、好奇心からくわえてしまうことも。誤飲につながります。子どもがいる場合は、食べこぼしにも注意。愛犬が遊ぶ床は徹底的にキレイにしておきましょう。

◆ 噛んではいけないものはカバーを

好奇心旺盛な子犬は不思議なものを噛んで確認しようとします。観葉植物や電源コードなど、噛まれたくないものや危険なものはカバーを付ける、隠すなどして対策を取りましょう。観葉植物には毒性があるものもあるので、食いしん坊な子犬には注意を。

子犬を迎える

◆家具が転倒しないよう予防を

バランスの悪い家具は、夢中で遊んでいる子犬が激突して倒してしまう可能性があります。子犬が遊ぶスペースから撤去するか、倒れないように滑り止めなどをしておくといいです。

また、活発な子犬の場合ソファに飛び乗ろうとすることも。転落して骨折というケースは少なくありません。ローソファが安心です。もしくはステップを用意して、そこから上らせるようにしてもいいでしょう。

●どの程度予防するのか家族で話し合っておく

やんちゃなタイプの子犬は壁紙を剥がしたり、家具をかじったりすることも。サークルから出すときに犬が遊ぶ場所を限定すると安心です。家具や内装への予防度合いは、各家庭で違います。家族で話し合うといいでしょう。

室内環境を整えておこう

窓
急に部屋から飛び出して事故にあったり脱走したりしないよう、開け閉めには注意を。

サークル
犬が寂しくなく、落ち着ける場所に設置。人が頻繁に通るドアの脇や直射日光があたる窓際はよくありません。

ソファ
上ろうとして落ちたり、飛び降りて骨折はよくあるケース。ローソファにする、ステップを設置するなどして、対応しましょう。

床
子犬がくわえたりしないよう、小物や食べこぼしに注意を。滑り止め対策もしておきましょう。

家具
子犬がぶつかって倒したりしないよう、転倒防止を。子犬期だけでも片づけてしまうのも手です。

家族でルールを決めておこう

→子犬が混乱しないように統一を図りましょう

●犬を飼うときには家族全員の同意が理想

子犬を迎えるときには、基本的に家族の全員一致が望ましいです。ママは飼う気満々だけど、パパはあまり乗り気ではない……。実際に飼い始めてみるとパパが一番メロメロになることも多いのですが、できれば家族全員の同意が最初から欲しいところ。誰かひとりだけで世話をしていると、その人が体調を崩したときに困ります。

また食事や散歩の世話は当番やローテーションを決め、できるだけ家族全員で担当しましょう。犬からの愛情がひとりに偏らなくなります。

●我が家のルールをしっかり決めておく

トレーニングに対して、家族の方針を決めておくことも重要です。例えば、ママはソファに乗ってもいいというのに、パパはダメという。それでは犬は混乱してしまいます。また、ママはオスワリ、パパはシットというように、言葉が違っていても混乱してしまいます。犬によってはいやになって、飼い主さんのいうことに従わなくなる場合も。

トレーニングの方法、どこまでトレーニングするかは、それぞれの家庭で違ってかまいません。しかし、我が家の愛犬には「どの行動をしてほしいのか、どの行動がダメなのか」を、家庭内で統一しておきましょう。

子どもにもルールを守ってもらう

ルールに関しては、子どものいる家でとくに注意が必要です。親が知らないうちに人間の食べ物を与えてしまうなど、禁止事項を破ってしまうことがあります。また、子どもでよくありがちなのが、無意味にオスワリなどをさせたのにごほうびも与えないこと。犬の不信感を募らせるので、できればやめたほうがいいでしょう。

飼い主さんとの関係がしっかりできるまでは、小さい子どもと犬だけにしないほうが安心です。

家族で決めておきたいこと

- 家庭内で犬にしてほしいこと、ダメなことを決めておく
- 上記で決めたダメなことは家族全員で犬にさせないよう、徹底する
- トレーニングに使う言葉を決めておく

お迎えする日の心構えとは？

→ 緊張している子犬に無理をさせないで

● 迎えにいく時間はなるべく午前中で

いざ子犬を迎える当日。なるべく午前中に引き取りに出向き、その日の午後から翌日まで一緒にいられるような日を選びましょう。

午後や夕方だと、明るいうちに新しい環境に慣れさせることが不十分のまま夜を迎えてしまい、子犬をいっそう心細くさせてしまいます。

● 車で迎えに行くならふたり以上が理想

車で引き取りに行く場合は、なるべくふたり以上で行きましょう。運転手以外の人が膝に毛布などを敷き、その上に子犬を乗せて安心させるようにやさしく撫でてあげてください。

ひとりで引き取りに行くならば、運転の邪魔にならないようにキャリーやクレートに入れたほうがいいでしょう。動かないように助手席に乗せて、時々声をかけたり様子を見たりしてあげてください。初めての移動で子犬はドキドキしているはずですから。

車酔いや緊張で、吐いたりオシッコをしたりする場合もあります。新聞紙や古いタオル、ティッシュペーパー、トイレットペーパー、ビニール袋などは必ず持っていきましょう。

タクシーやクレートを利用する場合も必ずキャリーやクレートを用意。乗車前に犬が乗っても大丈夫か確認しましょう。アレルギーや犬嫌いの運転手もいます。

● 構い過ぎは厳禁！子犬のペースに合わせて

今まで暮らしていた環境から離れて新しい環境に来た場合、ストレスや緊張から体調を崩すことがあります。これをニューオーナーシンドロームといいます。下痢や嘔吐、食欲不振などが見られ、家に迎えてから2〜3日後がもっとも症状が出やすくなります。

子犬が来たときは、どうしても家族のテンションがあがり、1日中子犬にかまってしまいがち。家族で代わる代わる抱っこしたり、どのしぐさに対しても嬌声を上げたり、写真をずっと撮りたくなる気持ちもわかります。

しかし、新しい環境に初めて来た子犬は緊張していますし、移動だけでか

子犬を迎える

Q 健康診断はいつ行けば？

お迎え当日に動物病院に連れて行ってもよいですが、その日は落ち着くのを待って翌日でも構いません。でも、早めのタイミングで健康状態をチェックしてもらいましょう。

Q 子犬とまったく遊んではいけない？

子犬の体調が悪くないようだったら、5〜10分程度なら遊んでもOKです。子犬は体力の続く限り遊んでしまうので、飼い主さんが切り上げてください。寝ている子犬を無理に誘うのではなく、子犬がじゃれついてきたら遊びます。

Q 子犬の生活ペースを教えてほしい

子犬は基本的に、トイレ→遊び→休憩→トイレ……といったサイクルで生活します。個体差があるので、その子のペースに合わせてください。休憩はサークルもしくはクレートで、と決めておくとトレーニングにもなります。

Q 夜鳴きをすると聞いたのだけど……

夜鳴きはする子としない子がいます。もし夜鳴きをするようなら、飼い主さんが見える場所にサークルを移動しましょう。夜鳴きをしたら撫でたり、抱っこしたりして子犬を落ち着かせます。夜鳴きがクセにならないよう、家に慣れてきたなと思ったら無視することも必要です。また、昼間にたっぷり遊ばせてあげると、夜はぐっすりと寝る子も多いです。

なり疲れています。もともと丈夫なヨーキーでも、体調を崩しやすくなって当然です。まずは準備していたサークルに入れて子犬を休ませてあげましょう。1週間くらいは様子を見ながら、子犬のペースで触れあいましょう。

ただし、個体差があるので、初日からまったく平気で元気に遊んだり、体調を崩さないままの犬もいます。

子どもに子犬との触れあい方を教える

注意したいのは子どもがいる家庭です。子犬を見ると歓声をあげる子どもは多いもの。突発的な動きや大声は、それを初めて見た子犬に大きな緊張を与えます。また、子犬がかわいくて長時間かまうことも、家に来たばかりの子犬には負担になります。

やさしく見守ってあげるよう、犬との触れあい方を大人がきちんと説明してあげてください。来たばかりの子犬を、子どもだけの中に置くことは絶対にやめておきましょう。

血統書ってどんなもの？

▽ その犬の「戸籍」のような大切なものです

●血統書は情報の宝庫

ペットショップやブリーダーさんから子犬を購入すると、血統書が送られてきます。この血統書には実はいろいろな情報が詰まっています。血統書を発行している団体はいくつかありますが、最も多いのは一般社団法人ジャパンケネルクラブ（JKC）の血統証明書です。血統証明書は、血統登録された同一犬種の父母によって生まれた子犬に対して発行されるもので、人間に例えると「戸籍」のようなものにあたります。純粋犬種は、この血統証明書によって、本犬、両親から祖先まですべて同一の犬種であるということが証明されなければならなくなっているのです。

犬種には、それぞれ理想の姿を定めた「犬種標準（スタンダード）」と呼ばれるものがあり（P.18参照）、固定された形態や特徴があります。純粋犬種の繁殖をする際は、優れた犬質の維持向上のため、生れた子犬が犬種標準により近くなることを目標にして繁殖計画を立てなければいけません。よい資質だけでなく、好ましくない資質についても、どの祖先より受け継がれているか、両親犬だけでなく祖先犬にまで遡り、過去にどのような犬が繁殖に使われていたのかを知る必要があります。ここで重要な役割を果たすのが血統証明書なのです。血統証明書には、その犬の数代前の祖先まで遡って記載され

血統書に記載されている情報

犬の名前、犬種名、登録番号や生年月日などの基本情報、DNA登録番号、マイクロチップ ID番号、股関節評価(犬種によっては表記のない場合もあります)、父親・母親の血統図、兄弟犬の情報、チャンピオン歴 など

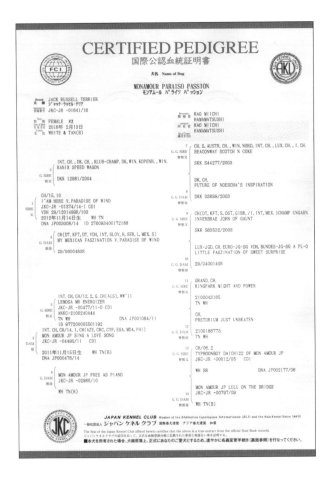

きちんとした交配をするうえで大切な資料となるのです。ちなみに、きちんとした交配をしないとどういったことが起こるのか。姿形が理想形から外れる、といったこともありますが、それよりも怖いのが、遺伝的な病気が発生したり、性格的な難点を持ったりすることも考えられます。そういったトラブルを未然に防ぐためにきちんとしたブリーディングは大切であり、そのための情報が集約されたものが血統書というわけなのです。

よいブリーダーの見分け方

　最近ではペットショップではなく、ブリーダーさんから直接子犬を迎える、という方も増えてきました。ただ、ブリーダーといっても、良いブリーダーさんもいれば、そうではないブリーダーさんもいます。愛情深く育てて、衛生的、健康的な環境でブリーディングをしているということは大前提ですが、それ以外にどういったところで判断すればよいのでしょうか？　犬の繁殖にはその犬種についての深い知識に加えて、遺伝や獣医学など、さまざまな知識が必要です。そうでないと、遺伝的な病気のリスクや性質や気質といったところで不安定な子犬を生み出すことになり、飼育する際にリスクが大きくなってしまいます。これらの知識をきちんと持ち、高い犬質の犬を作ることができるブリーダーさんを選ぶ、ということが、まず、大きなポイントになります。そのための判断基準のひとつとして、JKCとマースジャパンが毎年、ドッグショーなどで高い犬質の犬を作出したブリーダーを表彰する、ペディグリーアワードという賞があります。こういった賞を受賞しているブリーダーから迎える子犬であれば、犬質などの部分ではリスクが軽減されるはずです。あとは実際にブリーダーさんに会って、話をする中で判断するのがよいのではないでしょうか。

Column
犬を飼ったら住んでいる市町村区で登録を行うこと

犬を飼ったときには畜犬登録を行わなければいけません。畜犬登録とは、飼い主さんが居住している市町村区に飼い犬の登録をすること。生後91日以上の犬を飼っている場合、飼い主さんが行うよう法律で定められています。どこで誰に犬が飼育されているか把握できるようになり、万が一狂犬病が発生した場合に迅速かつ的確に対応できるのです。

しかし、飼い始めてすぐに登録できるわけではありません。飼い主さんはまず、犬を狂犬病予防注射に連れて行きましょう。狂犬病予防注射は生後90日以降の犬が年1回受けなくてはいけないもので、4月から6月にかけて接種します。動物病院でも受け付けていますし、市町村区によっては4月頃に狂犬病の集団予防接種が開かれているのでそちらで接種してもOK。

狂犬病予防接種を受けると「狂犬病予防注射済証明書」が発行されます。この証明書を持って、発行から30日以内に畜犬登録に行

きます。どの部署で登録を行うのかは市町村区で異なります。行政のホームページに案内があるので、場所や交付料を確認しておくとよいでしょう。申請時に犬を同行させる必要はありません。

また狂犬病予防接種をしたときに、動物病院が代行して畜犬登録を行ってくれる場合もあるので、聞いてみてもいいでしょう。

畜犬登録が終わると、「狂犬病予防接種済証」「犬鑑札」の2種類の金属プレートが渡されます。「犬鑑札」は犬の戸籍のようなもの。どこの誰に飼われているかの大切な標であり、万が一愛犬が迷子になってしまったとき、犬鑑札があれば発見の確率が高くなります。必ず首輪などに装着しましょう。

畜犬登録することで、年1回の狂犬病予防接種の案内も届くようになります。接種後にその年度の「狂犬病予防接種済証」が発行されるので、付け替えるのを忘れないこと。

もし引っ越しする場合は、畜犬登録も変更が必要です。方法は各市町村区で異なるので転出先、転入先で確認するとベストです。

畜犬登録の流れ

犬を迎え入れる
▼
生後90日を過ぎたら、動物病院などで狂犬病予防接種を受ける
▼
「狂犬病予防注射済証明書」をもらう
▼
発行から30日以内に市町村区で畜犬登録を行う
▼
「狂犬病予防接種済証」「犬鑑札」の金属プレートをもらう

3 子犬の育て方

子犬を迎えてから成犬になるまでの期間はとても大切な学びの時間でもあります。その後の暮らしのためにも学ばせたいことについて、中西典子先生に訊いてみました。

教えておきたいトレーニング

▽人間社会で暮らすためにやってほしいことを教えます

しつけは人間の都合を押しつけるものではなく、犬がどうしてその行動をするのか理解したうえで「してほしいこと、ダメなことを教えてあげる」トレーニングであり、学習なのです。

また、犬のことを考えた正しいしつけ（トレーニング）を行えば、犬と飼い主さんのコミュニケーションにもなり、関係性が深められます。

大切なのは、犬の性格に合わせたトレーニングを行うこと。やんちゃな性格なら落ち着かせる方法を、シャイな性格ならトレーニングよりも社会化を重視。愛犬の性格に合わせたトレーニングを考えましょう。

● してほしいこと、ダメなことを教えるのがトレーニング

犬のトレーニングとは、人間とは違う生き物である犬に人間社会で暮らしていくためのルール、マナーを教えることです。子犬は最初、飼い主さんがしてほしいこと、してほしくないことの区別がつきません。本能のままに噛んだり吠えたりする犬に育ってしまったら、周囲に迷惑をかけてしまいます。

といっても、先ほど書いたように、犬は人間と異なる生き物です。犬からすれば当然の行動なのに闇雲に禁止してしまっては、犬も困ってしまいます。また、あれもこれも禁止したり怒ってばかりでは、飼い主さんも犬との暮らしが楽しめないでしょう。

トレーニングが必要な理由

- 人とは違う生き物である犬に人間社会でのルール、マナーを教えてあげられる
- してほしいこと、ダメなことを教えてあげられる
- 正しいトレーニングを通じて、犬との関係性が深まる

性格から選ぶ、教えておきたいトレーニング

フレンドリータイプ

- 興味あるものに近寄ってくる
- 程よく活発
- 気持ちが上がると声に出る

遊びましょ

↓

- もともとのバランスがよいので、無理にしつけを押しつけない
- オスワリ、マテで落ち着かせる方法を教える
- クレートトレーニングで落ち着かせる方法を教える
- 怖いものがあったら慣らしてあげる

突撃タイプ

- 興味あるものすべてに突撃
- テンション高くいつも動いている
- 声に出やすい

やっほー

↓

- オスワリやマテで落ち着かせる方法を教える
- クレートトレーニングで落ち着かせる方法を教える
- 好きな遊びを見つけて、たくさん遊んであげる
- 楽しく元気に犬と向き合う

臆病タイプ

- 初見のものには、だいたい近寄れない
- 動きが固まりやすい
- 恐怖から声に出やすい

ドキドキする……

↓

- トレーニングよりも社会化を重視する
- クレートトレーニングで安心できる場所を作ってあげる

様子見タイプ

- 興味があるものをしばらく観察してから寄ってくる
- マイペースに動く
- あまり声には出ない

誰…?

↓

- もともとのバランスがよいので、無理にしつけを押しつけない
- オイデで、飼い主さんのそばに来たらいいことがあると教える
- 楽しく遊ぶ方法を教えてあげる

トイレトレーニング

室内でのトイレを覚えてもらうと、排泄のためだけに外に出る必要がなくなります。シニアになっても安心。サークルトレーニングと同時に行うと楽ちんです。

サークルを使ったトレーニングが楽ちん

子犬が来たその日から始めたいのがトイレトレーニングです。犬、とくにオスはマーキングをして、自分の存在を主張する傾向があります。これは犬の本能に基づいたものなので、叱ってもやめないことが多いです。できれば愛犬があちこちでオシッコをするからと、家中にトイレシーツを敷いてある家もありますが、犬は「トイレシーツの敷いてある場所＝オシッコをしていい」と覚えてしまうので、解決にはなりません。トイレシーツの置き場所を限定して、排泄はそこで行うと愛犬に覚えてもらったほうがいいでしょう。

本書では、子犬の頃からやっておきたいトイレトレーニングとしてサークルを使った方法をお伝えします。サークルトレーニング（P.46〜47参照）と一緒に進めると効率がよいです。また、子犬に限らず、根気よく教えれば成犬でもトレーニング可能です。

散歩に行くようになると、外での排泄を好み、室内でしなくなる犬もいます。でも、「排泄したらごほうびをあげる」ことを徹底しておけば、室内で排泄してくれる習慣は残ります。

してほしくないので「オシッコはトイレシーツで」と教えてあげましょう。

ヨーキーのトイレトレーニングで気をつけること

- 体の大きさとトイレトレイの大きさが合っていない
- トイレトレイの材質、高さなどが犬と合っていない
- 汚れたトイレシーツをいつまでも片づけない

※成長するにつれ、トイレトレイから体がはみ出してしまう犬もいます。体が全部収まるサイズのトイレトレイを使い、排泄を促す際は下半身がトイレトレイに入っているのか確認しましょう。

子犬の育て方

犬の排泄しやすいタイミング

- 寝起き
- 食事の後
- 遊んだ後
- ウロウロし始めた時

1 排泄しそうな時にサークルに入れます。

↓

2 ごほうびを使って、トイレトレイに誘導しましょう。

↓

3 犬の体全部がトイレトレイに乗ったら、柵などでトイレスペースとベッドスペースを物理的に区切ります。

4 排泄が始まったら、少し離れた場所から静かな声で「ワンツーワンツー」と声をかけましょう。

↓

5 排泄が終わったらごほうびをあげます。

↓

6 柵を取り払い、サークルから出してあげてもいいでしょう。

クレートトレーニング

クレートに慣れておけば外出や避難の際にも安心。愛犬にとっても心安まる場所ができあがります。トレーニングの内容は、ケージやサークルにも流用できます。

●ごほうびを使って自主的に入るのを待つ

クレートトレーニングです。クレートに入れていないと乗せられない公共交通機関もあります。また、災害時には犬は同行避難が基本ですが、避難所ではクレートやキャリーケースに入れることが推奨されます。クレートで落ち着いて過ごせることは、人との暮らしにおいて必要なことです。クレートトレーニングでは犬が自主的にクレートに入ることが大切です。ごほうびをクレートに入れて、犬が自分から入るのを待ちましょう。犬が中に入ったら、犬の鼻先にごほうびを寄せて体を回転させると顔が正面に向いて、犬が後ずさりで出てしまうことがなくなります。扉を閉める時間を徐々に長くしていきましょう。

また、就寝場所をクレートにしておくのも有効です。「クレート＝安心できる場所」と犬が覚えやすくなるからです。毛布などを入れておいてあげるといいでしょう。

トイレトレーニングと同様、子犬が家に来た時から始めたいのがクレートトレーニングです。クレートとは、プラスチックでできた犬のキャリーケースのこと。そのクレートに犬が落ち着いて入っていられるようにすることが

サークルやケージの
トレーニングにも流用できる

クレートトレーニングの方法は、サークルやケージにも流用できます。ごほうびで誘導して中に入れ、扉を閉めます。少しずつ扉を閉める時間を長くしていきましょう。サークル・ケージトレーニングができると、留守番時の居場所やクールダウンにも有効です。

子犬の育て方

① クレートの奥の方にごほうびを入れましょう。

② 犬の体がクレートに入ったら「ハウス」と声をかけます。

③ 別のごほうびを犬の鼻先に寄せて、クレート内で犬の体を回転させます。こうすれば犬が後ずさりで出てしまうことがありません。

④ 犬がごほうびを食べている間に、静かに扉を閉めます。

⑤ ごほうびを食べ終わって犬が落ち着いていたら、扉を開けて出してあげましょう。

⑥ 扉を閉める時間を長くするなら、知育玩具などを入れてみるといいでしょう。

オスワリ・フセの トレーニング

オスワリ・フセ姿勢でのマテは、愛犬にじっとしていてもらいたいときに役立つ指示です。まずはオスワリ、フセの教え方をレクチャーします。

落ち着いた性格の犬でも覚えておこう

どんな犬種でも、オスワリを教えておくと、とても心地よく一緒に暮らすことができます。例えば、散歩中に他の人や犬に飛びかかろうとしたときや、通り過ぎる自転車を追いかけようとしたときなど、オスワリの指示でじ

オスワリ

1 愛犬にごほうびを見せます。

2 ごほうびを顔の前から上に向かって動かします。頭が上がると、自然にお尻が下がって座ります。

3 愛犬のお尻が床についたら「オスワリ」と声をかけて、ごほうびを与えます。

子犬の育て方

っとすることを覚えていれば、愛犬の行動にストップをかけることができます。オスワリはお尻を地面につける動作なので、動きが制限されるからです。フセも同様です。フセはお腹をつける動作なので、オスワリよりもクールダウンがしやすい体勢といえます。

ただし、愛犬にじっとしてもらうためには、オスワリ・フセと同時にマテを教えておく必要があります。マテの教え方はP.50を参考にしてください。

オスワリ、フセは絶対に教えなくてはいけないものではありませんが、人間社会で"犬"という動物と一緒に暮らす場合、愛犬がオスワリ・フセをしてくれると便利なことは多いので、教えておくとよいでしょう。愛犬が経験していないことで興奮する機会があるかもしれません。愛犬を危険から守るためにも、オスワリ・フセ姿勢でのマテを教えておきましょう。まずはオスワリとフセの教え方をお伝えします。

フセ

1. 愛犬にごほうびを見せます。

2. 愛犬の足元にごほうびを下げて、お腹が床についたら「フセ」と声をかけます。前足の間くらいにごほうびを置くといいでしょう。

3. 「ヨシ」といって、ごほうびを与えます。

マテ・オイデの
トレーニング

マテやオイデは愛犬の動きを制御し、興奮した状態をクールダウンさせたり、危険から回避するために必要になってきます。必ず教えておきましょう。

● クールダウンや危険の回避に有効

マテとは指示をかけたその場で、犬にじっとしておいてもらうこと。興奮をしずめるクールダウンとしても効果があります。興奮しやすい性格の場合は覚えておくと安心です。オスワリやフセをさせたほうが犬がマテを覚えておくと安心です。

マテ

1 「マテ」と声をかけて、犬をじっとさせます。オスワリをさせるとやりやすいです。

2 犬がじっとしているうちに「ヨシ」と声をかけて、ごほうびをあげます。

3 「マテ」と声をかけてから「ヨシ」と声をかけるまでの時間を、少しずつ長くしていきます。

子犬の育て方

待ちやすいことが多いので、指示をするといいでしょう。トレーニングもオスワリ→マテ、フセ→マテのように、両方覚えておくといいでしょう。

また、犬と暮らすうえで、長時間のマテはあまり必要ありません。とくに食事前の長いマテは意味はなく、かわいそうなので早く食べさせてあげましょう。それよりも日常の中でごほうびを与えながらゲーム感覚で練習したほうが犬も楽しんで覚えられます。

オイデは離れた場所にいる愛犬を飼い主さんの元へ呼び寄せる指示です。ドッグランでいやがる他の犬を追いかけてしまったときや、反対に追いかけられて困っているときなど、避けたい場面になったときに役立ちます。

愛犬が暇そうにしているときにオイデと声をかけてそばに来てもらい、楽しい遊びをしてあげる。ゲームのように家族で呼び合って練習する、などがトレーニングにいいでしょう。

オイデ

1 手の中にごほうびを握り、愛犬にその様子を見せます。

2 「オイデ」と声をかけながら、ごほうびを握った手を愛犬が届くところに下ろします。

3 握った手のそばに来たら、中のごほうびを与えます。

4 家族同士で犬を呼び合ってみましょう。ゲーム感覚でオイデの練習ができます。

いろいろな物事に慣れてもらう

→ 子犬の頃から社会化を進めておきましょう

刺激から始めていきましょう。

人間社会のさまざまな物事に慣れてもらう

人間社会で犬が暮らしていくうえでトレーニング同様に大切なのが、さまざまな物事に慣れてもらうことです。散歩に行けば飼い主さん以外の人や犬に会いますし、多くの車やオートバイが道路を走っています。室内ではインターフォンや携帯電話の音にも遭遇します。犬を取り囲む、あらゆる物事に慣れてもらうことが「社会化」です。

社会化で大事なことは、段階を踏んで慣らしていくこと。ヨーキーには繊細なタイプもいます。いきなり人が大勢いる場所に出かけたり、犬だらけのドッグランに出かけるのは控えましょう。散歩で人と触れあうなど、小さな

◆ 順応しやすい子犬の頃から始める

社会化は、順応しやすい子犬の頃から始めるのが一番。家庭に迎えた時から物事に慣らしていきましょう。この時期にいやなことを体験させてしまうとトラウマを作りやすくなります。

犬によって社会化できる範囲が異なると知っておくことも大切です。人間に順応力・許容力の高いタイプと低いタイプがいるように、犬にも物事に慣れやすい子と慣れにくいタイプは、社会化が物事に慣れにくいタイプは、社会化がストレスになることも。ストレスを感じているようなら、緩やかに社会化を進めつつ、愛犬がどこまで慣れるかを少しずつ見定めていきましょう。

社会化のポイント

- 小さい刺激から始める
- 子犬の頃から始める
- 犬によって社会化できる範囲は異なる

犬によって社会化の進み方、できる範囲は異なってくる

慣れるスピードは犬それぞれ

　上の表は、年齢に合わせて社会化がどの程度進むかを示したもの。生まれた直後から、だいたい生後10ヵ月頃までがいちばん社会化が進む時期といわれています。これは子犬の順応性が高く、いろいろなことを吸収しやすいからです。

　10ヵ月を過ぎると犬それぞれの好き嫌いが明確になるので、苦手なものが表出しやすくなります。その分、社会化の進み方も少し緩やかになります。成犬になると、ますます緩やかに。しかし、進まないわけではないので、成犬になってもさまざまな刺激を与えてあげるといいでしょう。個体差があるので、成犬になっても社会化が進みやすい子もいます。

　ただし、順応力の高くない犬は伸び方がとてもゆっくりです。また、もともとの許容量が少ない犬は一定のラインから伸びなくなる傾向があります。そのラインがその犬の最大値。無理に人に慣らしたり、犬に慣らしたりするよりも、来客時は別の部屋にいる、散歩は人や犬の少ない時間に行くなどして、その犬が安心な暮らし方を考えてあげるといいでしょう。

慣れる範囲も犬それぞれ

慣らしておきたい物事

犬が人間社会で暮らすうえで、慣らしておきたい物を並べてみました。とくに他の人や犬は、どうしても散歩中にすれ違うものです。ヨーキーには、繊細で臆病な子もいます。そういった子はできるだけさまざまなものに慣らしておくと、お互いハッピーです。

他の人

フレンドリーに接することができればベスト。人見知りな犬の場合は、散歩中に他の人と落ち着いてすれ違える程度に慣れておくとよいでしょう。

他の犬

落ち着いて、相手の犬とあいさつができればベスト。犬が苦手な場合は、散歩中に他の犬を見かけても吠えない程度に、ゆっくりと慣らしてあげてください。

人に慣れてもらうには？

初対面の人に興味はありそうだけど、なかなか近寄ってこない。遠くから様子をうかがっている……。シャイな性格の犬によく見られる態度です。この場合は犬が自分から近寄ってくるのを静かに待ちましょう。

① 犬が近づいてくるのを待ちます。

子犬の育て方

新しい場所

新しい場所でも普段通りに過ごせるのがベスト。最初は戸惑っていても、時間が経てば動けるようならOKです。

車・オートバイなど

そばを通ってもスルーできるのがベスト。追いかける場合は危険なので、P.78を参照に犬の意識をそらす練習を。

生活音

インターフォンや携帯電話、人の足音や話し声などのことです。聞こえても普段通りに過ごせるのがベスト。瞬間的に反応しても、すぐに収まるならOKです。

掃除機

掃除機に対して吠えたり、怖がったりという反応をする犬は多いものです。小さい頃から慣らせておくと安心です。掃除機が出てきたらごほうびや知育玩具を与えるようにして、「掃除機＝よいことがある」と教えていきましょう。ただし、個体差があり、どうしても慣れない犬もいます。その場合は、愛犬に別の部屋に行ってもらうなどの対策をとってもいいでしょう。

④ 手をかけたり膝に乗ってきたら様子を見ながらそっとさわってみましょう。頭よりも胸などのほうが怖がらせないことが多いです。

③ 犬がにおいを嗅いできてもそのままにしましょう。

② 近づいてきても目を合わせたり、撫でようとしたりしないこと。驚かされると警戒心が強まります。

体にさわられることに慣らす

お手入れや健康チェックのためにも、愛犬の体をさわることは大事です。どこをさわっても怒らないように慣れさせていきましょう。

コミュニケーションを兼ねて全身をさわること

愛犬の健康を保つためには日々のお手入れが欠かせません。けれど、体をさわられることが苦手な犬だと、それも難しくなります。コミュニケーションをかねて、子犬の頃から体のあちこちをさわっておきましょう。ヨーキーに多い目や耳、歯のトラブルをケアするためにも、とくに顔周りは意識的にさわる練習をしておきましょう。

足先やシッポなどをさわられるのを嫌う犬もいます。ごほうびを使って、少しずつさわる練習をしておきましょう（P.81参照）。体全体をさわれるようになれば、しこりなどの異常にも気がつきやすくなります。

慣らしておきたい部位

目
目の周りをやさしく撫でてあげましょう。目薬などをさすときに役立ちます。

耳
耳は犬にとって気持ちいい場所のひとつ。付け根をマッサージする気持ちで。

口の周り
口の周りをやさしく撫でて。歯みがきの練習になるのでできれば唇をめくってみて。

足先
散歩後に足を拭くなど、さわる機会の多い場所です。慣らしておきましょう。

肛門周り
敏感な部位なので、さわられるのが苦手な子もいます。慣らせておきましょう。

お腹
マッサージを兼ねて日々さわっておけば、しこりなどを発見しやすくなります。

背中
お腹同様、マッサージを兼ねてさわってみて。異常を発見しやすくなります。

抱っこに慣らす

抱っこに慣らしておけば、いざというときに便利です。後ろ足が不安定だと怖がる犬も多いので、しっかり抱えてあげましょう。

● 子犬の頃から抱っこに慣れておくと便利

小型犬のヨーキーだからこそ、つい抱っこしてしまうという飼い主さんは多いでしょう。抱っこ癖をつける必要はありませんが、動物病院で診察台に乗せるときなど、愛犬を抱っこする機会は意外と多いもの。子犬の頃から慣れさせておくと安心です。

抱っこしたときに愛犬が暴れたら、あまり力を入れすぎない程度で押さえます。落ち着いたら解放して、「おとなしくしていたら解放される」と覚えてもらいましょう。最初から無理に拘束してしまうと、ますます抱っこが嫌いに。徐々に慣らせてあげましょう。

OKの抱っこ

抱っこの仕方は、飼い主さんのやりやすい方法でOKですが、後ろ足がぶらぶらすると不安を感じる犬が多いので、しっかり後ろ足をホールドしましょう。抱っこする前にひと言声をかけてあげると安心する犬も多いようです。

基本的には、抱っこは飼い主さんと愛犬がやりやすい方法でOKです。写真は胸と後ろ足をしっかり抱え込んだ、一番安心の抱っこになります。

後ろから急に抱えると驚いてしまう犬も(幼少時からされている場合は、慣れている犬もいます)。ひと声かけてあげると、犬も安心します。

前足の下に手を入れてからの抱っこは、前足の脇の下に体重すべてがかかってしまい、痛がることも多いです。やめておきましょう。

NGの抱っこ

前足の付け根をつかんで、後ろ足を立たせる方法はオススメできません。犬が不安定になるうえに、前足の付け根に体重がかかり痛くなってしまいます。また、後ろから急に覆い被さって抱えるのもやめておきましょう。犬が驚いてしまう場合もあります。

愛犬と楽しく遊ぼう

→ 遊びは大切なコミュニケーションです

犬と一緒に遊ぶことは、飼い主さんと愛犬の大切なコミュニケーションの一環です。また、犬にとっては不足しがちな運動を補う手段でもあります。

いろいろな遊びがありますが、大きく分類すると「動くものを追いかける」「引っ張る」「かじる」になります。どの遊びを好むのかはその犬次第。引っ張りっこは好きだけど、ボール投げではまったく遊ばないなど、個体差があります。もちろん愛犬全部の遊びが好きな犬もいます。愛犬がどの遊びが好きなのか見定めてあげましょう。

また、布製のぬいぐるみなら引っ張りっこをするけれど、ラテックスのオ

● どんな遊びが好きかは犬の個体差による

モチャは嫌いなど、オモチャの好みにも差があります。どのオモチャがよくてどのオモチャが悪い、ということはありませんので、好きな物を使ってあげましょう。壊れやすい物やちぎりやすい物は誤飲に注意。小さすぎるのも危険です。愛犬の口のサイズに合わせて、オモチャを選んであげましょう。

犬の好きな遊び

- ボール投げ
- 引っ張りっこ
- 何かにじゃれつく
- 何かを噛む　など

◆ 遊ばないのも個性と受け入れて

活発でオモチャ好きな子が多いヨーキーですが、中にはのんびりしていてオモチャや遊ぶことに興味のない子もいます。人間でも運動に興味のない人がいるように、これは愛犬の個性なので仕方のないこと。いろいろなオモチャを試したうえで遊ばないようだったら、それを受け容れてあげましょう。運動不足になりやすいので、散歩にしっかり行く、おやつやフードのカロリーを控えめにする、などの調整を。

知っておきたい"遊び"について

遊びは犬の本能を満たす役割もあります。犬がやりたがることは、不都合や危険がない限り、できるだけやらせてあげましょう。

甘噛みについて

甘噛みは「遊ぼうよ」「かまって」のサインです。遊びのお誘いに乗るかどうかは、飼い主さん次第。「うん、遊ぼう！」と答えて、そのまま噛みつき遊びをするのか、それとも他のオモチャを提案するのか。飼い主さんが楽しめるほうで。

手で遊ぶのはＮＧ？

飼い主さんの手にじゃれついて遊ぶのが好きな犬は多いもの。これは「遊びたい」というサイン。愛犬と仲良く遊べるチャンスです。素手だと痛い場合は、手袋をしたりパペットを使うといいでしょう。

犬に遊びに誘われたら？

順位付けのために愛犬から遊びに誘われても乗らないように、という説があるようですが、それは寂しすぎます。遊んでと近寄ってくるのも、飼い主さんを大好きな証拠です。時間や余裕のあるときならば、思い切り遊んであげましょう。

オモチャは片づけておくべき？

オモチャの管理は飼い主さんがすべき、という説があるようですが、そんなことはありません。好きなときに遊べるほうが犬も楽しいでしょう。とっておきのオモチャは普段片づけておいて、特別なときに出してあげると、犬の気持ちも盛り上がります。

オモチャ以外で遊ぶのはＮＧ？

靴下やスリッパが好き、人間用のぬいぐるみが好きというように、犬用玩具でないものを好む場合があります。どこまで許すのかは、飼い主さん次第です。飼い主さん的に遊ばれても大丈夫なもので誤飲の可能性がないならば、取りあげなくてはいけない理由はありません。

オススメの遊び方

どんな遊びが好きか、犬によって異なります。愛犬の好む遊びを見つけてあげましょう。ここでは中西先生オススメの遊びを紹介します。

パペット遊び

パペット遊びはオススメです。噛みつきあってじゃれつきたいという習性を満たすことができます。ポイントは両方の手にパペットを持つこと。片方の手にだけパペットを持つと、パペットを持っていないほうの手を狙って犬が飛びつくことがあります。両方の手で犬の顔やお尻を交互にツンツンすると、犬もあっちを向いたりこっちを向いたりして、楽しく遊べます。

ボール投げ

ボール投げは、飼い主さんが投げたボールなどを愛犬が追いかけ、手元に持ってくる遊び。追いかける習性が刺激されます。投げるものはボールでなくてもOK。投げたり愛犬がくわえたりしても危険がないもので、犬が好きなら丸めた靴下やタオルなどでもOK。愛犬が好きなものを投げてあげましょう。ただし、愛犬が噛みちぎって飲み込まないように注意が必要です。

子犬の育て方

引っ張りっこ

紐などの片方を愛犬がくわえ、もう片方を飼い主さんが持って引っ張り合う遊びです。引っ張りっこ用のオモチャがたくさんあるので、それを使うと便利。ロープ型オモチャでなく、ぬいぐるみなどで引っ張りっこしたがる子もいます。愛犬に合わせてあげるといいでしょう。引っ張るオモチャにされたら困るものは最初から片づけておくこと。

知育玩具

知育玩具は、中におやつやフードを詰められるオモチャ。ごほうびを得ようと努力することで、脳への刺激になります。長時間クレートに入れるとき、サークルで留守番させるときなどに犬に与えておくと、よい暇つぶしになります。知育玩具に興味のある子とない子がいるので、いろいろな玩具を試してあげてください。詰めるものの質を上げるのも手です。

ペットボトルでも遊べる！

ペットボトルを噛むのが好きな犬は多いです。愛犬が他のオモチャよりもペットボトルを気に入っているようなら、工夫してみるといいでしょう。中におやつを入れてあげると、コロコロ転がして知育玩具のように楽しめます。かじって誤飲すると危険なので、飼い主さんが必ず見張っていてあげること。

❶ 洗って乾燥させたペットボトルに小さくしたごほうびを入れましょう。入れているところを愛犬に見せるとグッド。ペットボトルの側面に小さな穴を開けてもいいでしょう。
❷ フタをしないまま愛犬に渡します。中のごほうびを取ろうと、転がしたり噛んだりするはず。知育玩具として遊べます。ペットボトルを噛みちぎらないように注意を。

子犬の食事

→ 成長期だけに必要な栄養を十分に与えましょう

● 栄養バランスの面では子犬用フードが安心

子犬を迎えたら、これからどのように育てていきたいのか、食事についてもいろいろな考えがあると思います。ドッグフードを主体にしたいのか、手作り食にしたいのか、ドッグフードと手作り食を半々にしたいのか、あらかじめ決めておくことも必要です。

成長期である子犬の栄養は、体や骨の基礎をきちんと作っていく時期だけにとても重要です。それだけに必要な栄養を満たすには、手作り食ではなかなか難しいこともあります。

子犬に必要な栄養がバランスよく含まれ、手軽に与えることができるのがドッグフードです。骨の成長が止まるのは、生後11ヵ月頃なので、手作り食を与えたいなら、それ以降に。それまでは栄養バランスの面で、子犬用のドッグフードを与えるのが安心です。

● フードを切り替えるときは徐々に

子犬が家に来る前にいた環境、つまりブリーダーやペットショップから、それまで食べていたドッグフードの種類や与える分量、回数などをしっかり聞いておきましょう。家に迎えてすぐの頃は、新しい環境に慣れるまで、食事の内容は変えないようにします。

子犬が新しい家に慣れてきて、ドッグフードを別のものに切り替えたいと思ったら、いきなり全部を替えてしまわないことです。下痢をしたり、吐いたりすることがあるからです。1週間くらい時間をかけ、従来のフードに新しいフードを少しずつ混ぜていき、その割合を変えていきます。子犬の様子を見ながら、くれぐれも少しずつ切り替えていきましょう。

月齢別食事回数の目安

子犬が効率よく栄養をとるには最初は回数を多くし、成長とともに徐々に回数を減らしていきます。

- ● 2〜3ヵ月→1日4回
- ● 3〜6ヵ月→1日3回
- ● 6ヵ月〜1歳→1日2回

週1回は体重を測り発育状態をチェック

栄養的に、その犬に合っていないことが考えられます。

体重を測る以外に、毛づやの状態がどうかもチェックしてみましょう。以前に比べて、毛づやがなくなってきたなと感じたら、必要な栄養が足りていない可能性もあります。

また、痩せているかどうかは、肋骨のあたりを指の腹で触ってみます。触った時に、肋骨がゴツゴツとわかるようなら痩せている判断にもなります。

与えているフードの種類や量が合っているかの目安は、子犬の発育状態で判断していきましょう。

そのためには、週に1回は体重を測るとわかりやすいものです。よく食べているように見えても、前回測った時に比べて、体重が増えていないのであれば、与えているフードのカロリーや

食べる量が少なくても、元気があって、体重が順調に増えているのであれば、単に食が細いというだけで問題はありません。子犬はガツガツと食べなきゃいけないと思いがちですが、中には食が細い犬もいるものです。

家に迎えて2〜3週間経っても、食いつきが悪く、体重が増えない場合は病気が原因のこともあります。少しでも気になることがあったら、動物病院に相談してみましょう。

おやつは1〜2種類までにしておく

犬用のおやつにはいろいろな種類があります。ついあげたくなる気持ちもわかりますが、おやつは基本的にはトレーニングのためのごほうび程度と考えておきましょう。1〜2種類くらいまでにしておくのがいいでしょう。あまりいろいろなおやつを与えてしまうと、フードを食べなくなってしまう可能性もあるからです。栄養バランスを崩さないためには、フードを食べてもらうことが大切です。理想的なのは、トレーニングのごほうびにもフードを使うことです。

愛犬と楽しく散歩しよう

→ 生活に刺激を与える役目があります

● 犬にとって散歩は良質なエネルギー発散

散歩は犬にとって重要な時間です。家の中だけで過ごしていると、どうしても運動不足になりがち。外で歩いたり走ったりすることで、エネルギー消費につながります。また太陽光は、カルシウム吸収を助ける働きがあるビタミンDの生成を促します。丈夫な骨を作るためには、太陽光を浴びてビタミンDを生成することが欠かせません。老化防止にも役立ちます。

◆ 刺激を受けて社会化を進める

それだけではありません。外に出ることで、家の中では見かけないさまざまな物事と触れあう機会を得ます。飼い主さん以外の人、他の犬、車やオートバイ、工事現場の音などなど……たくさんの刺激を得られるのです。こうした刺激に慣れることも社会化の一環として、とても重要です。同時に、外のにおいや空気に触れることで、心身のリフレッシュにもなるのです。

◆ 飼い主さんと愛犬の絆が深まる

そして何よりも、散歩は愛犬と飼い主さんの大切なコミュニケーションのひとつです。かわいい愛犬と四季折々の風景を楽しみながら散歩すれば、信頼関係もますます深まります。ヨーキーは長時間の散歩を必ずしも必要とはしませんが、活発な子も多くいます。時間があるなら公園で遊ぶなど、いろいろな楽しみ方を作りましょう。

散歩のメリット

- 外のにおいや空気を感じてリフレッシュできる
- 家の中にない刺激を受けて社会化になる
- 良質なエネルギー消費になる
- 飼い主さんと愛犬の絆が深まる

子犬の育て方

首輪に慣れる

散歩デビューの際、いきなり首輪をしようとしてもいやがる子がいます。「首輪をする＝楽しいことがある」とトレーニングしておくと安心です。

1 サークルの中に愛犬を入れます。

2 ごほうびを犬にかじらせましょう。時間が長く保つごほうびが便利です。

3 犬がかじっている間に首輪を装着。最初は着脱しやすいバックル式がおすすめです。

4 首輪をしたらサークルから出して、遊んであげましょう。首輪をする＝楽しいことがある、と覚えます。

5 サークルに犬を戻して、ごほうびをかじらせながら首輪を取ります。

子犬期にしておきたいこと

ワクチンが済んで散歩に出られるようになる前に「抱っこ散歩」と「首輪の練習」をしておきましょう。抱っこ散歩は、子犬が家に来て落ち着いたら始めて構いません。地面に下ろさないよう注意しながら、いろいろな音やにおいを感じてもらいましょう。また、ワクチンが済んだら、なるべく早めに散歩に出ましょう。

抱っこ散歩

ワクチン前の子犬は大事な社会化期。地面には下ろせませんが抱っこしながら散歩して、さまざまな刺激に慣れておくといいでしょう。

抱っこ散歩中に飼い主さん以外の人からおやつをもらうなど、楽しい思いをたくさんさせてあげるといいでしょう。愛犬がシャイなタイプならば無理はさせず、抱っこ散歩だけでもOKです。

オススメの散歩

◆ 散歩の時間や長さは、それぞれの家庭の飼い方や愛犬の体調に合わせて調整しましょう。歩くのが好きで、体力に問題がなければ、長く歩いてもかまいません。

◆ 毎日同じコースを歩いてもいいし、変えても問題ありません。愛犬の好み、様子をよく観察して、一緒に楽しめるコースを見つけるといいでしょう。

◆ 暑さは犬の大敵。暑い時間の散歩はNGです。早朝もしくは夜など、できるだけ気温が下がる時間に出かけるようにしましょう。

◆ 散歩に行く時間は厳密に決めなくても構いません。毎日行くのが理想ですが、それが無理なら休日は長めの散歩をするなどして、愛犬との時間を取ってあげましょう。

お散歩持ち物リスト

- ● 排泄物を処理するビニール袋など
- ● ティッシュペーパー、トイレットペーパー
- ● 水（飲む用、排泄物処理用）
- ● オヤツなどのごほうび
- ● 公園などで遊ぶならロングリード
- ● 水飲み用の器

など

散歩に行き始めたら

散歩デビューは、まず人や犬が少ない時間から始めましょう。アスファルトをいやがるようなら公園の芝生や土の上から始めてもOK。子犬期は15分程度の散歩で構いません。このときに無理やり歩かせたり引きずったりすると、散歩を嫌いになってしまうことも。飼い主さんが愛犬をほめて、いい気持ちで楽しく歩いてもらうようにしましょう。

正しいリードの持ち方

興奮しやすく、引っ張り癖のある子もいます。引っ張られてリードが抜けてしまわないように、手首にしっかりと引っかけましょう。

1 リードの持ち手部分を、手首に引っかけます。

2 手首を回転して、リードを持ちます。これで犬が突然走り出しても、リードが手から外れることはありません。

3 反対側の手でリードを握りましょう。この持つ部分で、リードの長さを調整できます。犬を自由にさせるなら長め、そばにいてほしいなら短めに持ちます。

ありがちな散歩トラブル

におい嗅ぎが長い

におい嗅ぎは、犬の大切な習性のひとつ。安全が確認できて、拾い食いの可能性がないなら、嗅がせてあげましょう。そろそろやめてほしいと思ったら、リードを短めに持って軽くツンツンと合図を送り、犬に「行こう」と知らせましょう。

犬が引っ張ってしまう

散歩でテンションが上がり、飼い主さんをぐいぐい引っ張る犬がいます。危険の多い場所ではリードを短めに持って、犬が自分から離れすぎないようにしましょう。

マーキングが多い

マーキングも犬の本能に基づいた行動です。すべてを禁止する必要はありませんが、していいところ、悪いところは飼い主さんが判断してあげてください。おしっこを水で流すなど、周囲への配慮も大切です。

Column

去勢・避妊について

　オスの去勢、メスの避妊について、どうしたらいいのかと迷う飼い主さんは多いと思います。手術をするのは「かわいそう」と考える人も少なくありません。大切なのは、飼い主さんが去勢・避妊についての内容をよく理解したうえで、判断することです。

　去勢・避妊を行う目的には、いろいろあります。子犬を作らないだけでなく、一番よくいわれているのが、年齢を重ねるにつれて発症しやすくなってくる性ホルモンが関連した病気の予防のためです。

　病気予防を目的とするのであれば、出来ればこの時期に去勢・避妊手術を行っておくと理想的といわれている目安があります。

　オスの場合、最近は前立腺がんを発症した犬の統計から、あまりにも早くに去勢している犬が多いといわれているため、生後7ヵ月以上から3歳未満までの間に行うのがいいのではないかと考えられています。

　メスの場合、最初の発情が来るまでの生後5〜6ヵ月頃に行うのが理想的。個体差はありますが、1回目の発情はだいたい生後7ヵ月から1歳までの間です。遅くても2回目の発情が来る前までに行っておいたほうがいいといわれています。ただ、2回目の発情がいつ来るかがわからないため、出来れば最初の発情が来る前までに行ったほうがいいでしょう。避妊はメスに一番多い乳がんの予防になります。1回目の発情が来る前までに避妊をしておくと予防確率は98％、2回目の発情前までだと95％と高い数字を示します。しかし、2回目の発情以降に避妊をしても、未避妊の場合と乳がんの発症率は変わらないといわれています。もちろん、乳がんだけに限らず、ほかの病気の予防にもなります。

　ただ、いずれにしても、病気予防を目的とした去勢・避妊手術は健康な状態の犬を手術することになりますから、後遺症を絶対に残してはいけないものです。それは、手術をお願いする獣医師の腕にかかってきます。

　信頼して手術をお願いできる獣医師かどうかを見極めるためには、去勢・避妊手術に対する考え方だったり、少しでも疑問に思うことを納得できるまで聞いてみることです。

　愛犬を守るためにも、去勢・避妊に関する正しい知識を得ておくことは大事です。

オスの場合

メリット
- ●**将来の病気予防**
  精巣腫瘍、前立腺肥大、会陰ヘルニア、肛門周囲腺腫など。
- ●**性格が穏やかになる**
  個体差はありますが、攻撃性が低下し、穏やかになるといわれています。

デメリット
- ●**被毛に変化がある場合も**
  犬種や個体差によっては、これまでの毛質と変わる犬もいます。
- ●**太りやすくなる**
  ホルモン代謝が変わるため、脂肪や筋肉の代謝も影響を受け、太りやすくなります。

メスの場合

メリット
- ●**将来の病気予防**
  乳がんのほか、卵巣がん、卵巣嚢腫、子宮蓄膿症など。
- ●**発情期の出血がなくなる**
  発情にともなう出血だけでなく、行動変化もなくなるので、通年安定して過ごせます。

デメリット
- ●**太りやすくなる**
  オスよりもメスのほうがホルモン代謝による影響を受け、太りやすいといわれています。
- ●**手術で開腹が必要**（※）
  メスは開腹するため、術後の回復までに時間がかかります。

※最近では低侵襲手術として腹腔鏡手術を取り入れている病院も増えてきました。非常に痛みが少なく回復も早いのがメリットですが、やや費用がかかるのが難点です。

4 成犬との暮らし方

食事やお出かけなど成犬との暮らしの中で気を付けたいこと、知っておきたいことをご紹介。起こりがちなトラブルなどもまとめてみました。

成犬の食事

→ 食事の内容を成犬用のものに切り替えましょう

●食事の回数は1日1〜2回にする

生後11ヵ月を過ぎると、すくすく育っていた骨の成長も止まり、成犬らしい体つきになってきます。

生後10ヵ月から1歳で、それまで与えていた子犬用のフードから、成犬用のドッグフードに切り替えます。

切り替える際は、いきなり全部ではなく、子犬用フードに少しずつ成犬用フードを混ぜていき、愛犬の様子をよく観察しておきましょう。問題なければ、成犬用フードの割合を徐々に増やして切り替えるようにしていきます。

食事の回数は、1歳以降であれば1日1回か2回でかまいません。飼い主さんのライフスタイルに合わせて、回数を決めておくといいでしょう。

また、食事を与えるのは散歩から帰ってきてからのほうが理想的。食べてすぐ運動させるのは、胃捻転などのリスクがあるからです。食後に散歩をする場合は、1〜2時間程経ってから行くようにしましょう。

●置きっ放しにしないで1時間を目安にさげる

食事は基本的に、置きっ放しにしておかないことです。食事を残していたとしても、1時間を目安に片付けましょう。置きっ放しにしておくと、好きな時間に食べたり、遊び食いをする習慣をつけさせてしまうからです。

ドッグフードの種類

含まれる水分量によって以下のタイプに分けられます。

ウェット
水分は75%前後。嗜好性は高いが、ほかの食事との併用が望ましい。

ソフトドライ・セミモイスト
水分は25〜35%前後。ドライに比べて値段がやや高く、保存性も劣る。

ドライ
水分は10%程度。栄養バランスが取れ、保存がきき、値段も手頃。

成犬との暮らし方

手作り食の場合は栄養バランスに気をつけて

手作り食にする場合は、犬に必要な栄養をしっかり勉強しましょう。災害などの避難時のためにも、ドッグフードを食べられるようにしておくことも大切です。また、ドッグフードに肉や魚、野菜などをトッピングする場合は、フードの栄養バランスを崩さないために食事全体の1割程度の量にしておきます。

年に1回は食事内容を見直してみる

ドッグフードにしても、手作り食にしても、与えている食事内容が合っているかどうかは、愛犬の様子をよく見ておくことが大切です。

フードが合っていないと肝臓や腎臓障害、皮膚病など、なんらかの異常が出てくることもあります。

元気そうだし、食事を喜んで食べているからといっても、骨や内臓の異常は見た目だけではわかりにくいもの。

そのためには、1歳過ぎたら年1回は健康診断を心がけておくと安心です。理想はレントゲンや血液検査を行うことですが、少なくとも尿検査だけでも結石ができていないかなど、なんらかの異常を発見することができます。

同じフードを与え続けていて、これまではなんともなかったのにと思っていても、メーカー側がフードの内容を変えてしまっている場合もあります。与えている食事の内容が合っているのか、栄養が足りているのか、体に異常が起きていないのか。健康診断の結果をもとに、見直してみましょう。

犬に与えてはいけない食材を知っておこう

人間の食べ物の中には、犬に与えてはいけないものがあります。食べた量によっては重篤な症状を引き起こすので注意を。与えてはいけない主なものは、ネギ類、チョコレート、カフェイン類、ぶどう、キシリトール類などです。

肥満にさせないよう気をつける

→ 肥満は万病のもと。運動を十分行いましょう

太りやすくなる傾向があるので、気をつけることが大切です。

肥満は心臓や関節に負担をかけるだけでなく、糖尿病などさまざまな病気を引き起こす原因となります。人と同様、犬にとっても肥満は万病のもと。

年齢を重ねるにつれ、関節炎や背骨の障害が出やすくなるものです。若いうちは症状が目立たないこともありますが、肥満になればそれだけ負担がかかります。成犬の時期から太らせ過ぎないようにしておきましょう。

● 1歳以降はくれぐれも肥満に注意すること

犬にとって楽しみのひとつが、食べること。犬の胃袋の容積は、哺乳類の中でも一番大きいといわれています。それだけに、あげればあげるだけ食べてしまう犬もいます。愛犬が欲しがるからと食べ物を与えてしまえば、当然ですが、体重増加につながります。

成長期の子犬は、成犬に比べてエネルギー代謝が高いので、よほど過剰なカロリーのものを与えない限り、健康な子犬は肥満になることはほとんどありません。でも、1歳を過ぎて成犬になったら食事や運動をしっかり管理して、肥満予防を心がけましょう。

特に、去勢や避妊手術をしていると

肥満にさせないための食事と運動の注意点

運動をしっかり行い消費させる

散歩で歩くことは、肥満予防になるだけでなく、太陽を浴びることで骨を強くしたり、毛づやが良くなるなどメリットはたくさん。

食事の量は減らさず低カロリーの内容に

太るからと極端に食事の量を減らしてしまうと、お腹が減って拾い食いなど誤食につながる場合も。体重を維持するには量は減らさず、低カロリーのフードにするなどして食事内容を工夫しましょう。

ボディチェックで愛犬の状態を確認する

一般的には理想体重の15〜20%を超えると肥満といわれています。ただし、理想体重といっても、同じ犬種でも骨格にはそれぞれ違いがあります。骨格の大きさによって、体重に影響してくるので、肥満かどうかを体重だけでは判断できないものです。

犬の場合、わかりやすいのが、背骨や肋骨、腹部などにどのくらい脂肪がついているか、ということです。下のBCSの表を参考にして、愛犬の状態がどうなのかを確認してみましょう。

愛犬がもし太り気味、あるいは肥満になってしまったら、ダイエットすることになりますが、急激なダイエットは健康を害してしまいます。獣医師と相談しながら、愛犬の状態に合わせた食事や運動管理を行い、段階を追って体重を減らしてきましょう。

犬のボディコンディションスコア（BCS）

犬は犬種によりさまざまな体型があり、なかなか肥満かどうかを判断しにくいところがあります。そこでボディコンディションスコアを参考に、実際に体を触ってみて、肥満かどうか、痩せすぎていないかを判断しましょう。わかりにくい時には動物病院で診てもらうとよいでしょう。肥満は人間と同様にさまざまな病気の原因となります。太りすぎないよう、飼い主さんが管理してあげましょう。

BCS 1 痩せている	BCS 2 やや痩せている	BCS 3 理想体型	BCS 4 やや肥満	BCS 5 肥満
肋骨、腰椎、骨盤が浮き上がって見ただけでわかる。触っても脂肪を感じない。腰の括れと腹部の吊り上がりが顕著に見える。	肋骨に容易に触れる。腰の括れがはっきりわかる。腹部の吊り上がりもはっきりしている。	やや脂肪はあるが肋骨に容易に触れる。腰の括れや腹部の吊り上がりもある。	肋骨は触れるが、見た目ではわからない。腰の括れもほとんど見られない。	横から見ても上から見ても脂肪がついていて丸々としている。肋骨などは触ってもわからない。

愛犬と楽しくお出かけしよう

⇨ 愛犬が楽しめているのか、確認しましょう

最近では愛犬と一緒にドライブや旅行に出かける飼い主さんが増えています。「愛犬は家族の一員である」という考え方が根付いたからでしょう。

しかし、愛犬と出かける前に気をつけなければいけないことがあります。

まず第一に、愛犬が外出を楽しめる性格かどうか。インドアな人がいるように、犬にも大勢の人がいる場所やうるさい場所が苦手な子がいます。そういった性格に無理をさせても、飼い主さんも愛犬も楽しめません。ヨーキーの中にはシャイで、他の犬や人があまり得意でないタイプもいます。愛犬の性格を考えてあげましょう。

● 愛犬が外出を好むか判断してあげること

◆ 犬嫌いの人もいると考えて

次に、周囲への配慮を持つこと。外出先には犬が苦手な人もいます。むやみに吠えたり走ったりするのはNGです。そのためには社会化を進め、いろいろな物事に慣れさせておく必要があります。興奮しやすい性格なら、クールダウンを覚えておくと安心です。愛犬のストレスが強すぎるようなら、外出をやめる選択も視野に入れましょう。

また、心ない飼い主さんによる排泄物の放置も問題視されています。排泄物の処理は必ずきちんと行うこと。

最後に、愛犬の体調への注意です。ヨーキーは暑さに弱い犬種。洋服が似合いますが、暑い日に無理に着せないようにしましょう。着ると涼しくなる機能的な冷感素材ならOKです。

お出かけマナー

- 排泄物を必ず持ち帰ること
- 吠えたり飛びかかる可能性があるなら、飼い主さんがしっかり管理すること
- 抜け毛、よだれなどで周囲を汚さないこと

お出かけする前に知っておきたいこと

- 愛犬が外出を楽しめる性格か
- 愛犬の体調に問題がないか

お出かけの方法

愛犬との外出にはいろいろな方法があります。公共交通機関に乗るときにはキャリーバッグ、カートが必要です。交通機関によって規約が違うので、自分が利用する交通手段をよく調べておきましょう。

カート

愛犬だけでなく荷物も載せられるので便利。多頭飼いのお宅にも向いています。人混みでは扱いに気をつけて。飛び出さないよう、注意しましょう。

キャリーバッグ

愛犬と飼い主さんの距離が近くなるので、愛犬が安心しやすい利点があります。公共交通機関によっては顔まで中に入れていないとダメなことも。

ドライブのために

愛犬とのお出かけで一番多いのは車移動でしょう。もっとも注意したいのは暑さ対策です。夏のドライブでは必ずエアコンの風が行き渡るようにしましょう。

休憩

愛犬と一緒のドライブでは、こまめに休憩を入れましょう。愛犬の体調次第ですが、2～3時間に1回の休憩が理想です。外に出して歩かせてあげたり、トイレタイムを取ったりしましょう。

正しい乗り方

クレートの他、ドライブボックス、マットなどのアイテムがあります。乗っている人と愛犬の安全が確保できていて、運転の邪魔にならず、愛犬が快適に過ごせるような乗り方をしましょう。

暑さ対策

夏のドライブでは、たとえ5分でも冷房を切るのはNG。保冷剤や冷感マットも使えますが、何よりも冷房が大切。犬が乗っている場所がきちんと涼しくなっているか確認を。

車酔い防止

車に慣れるには子犬の頃から乗る経験を重ねていくことが大事。近くの公園に遊びに行くなどして、早めのデビューを。愛犬が酔いやすい体質なら、かかりつけの獣医師に相談してみましょう。

成犬にありがちなトラブル対処方法

→トラブルをどこまで解決するのかは飼い主さん次第

● 成犬になってからのトラブルも解決できる

子犬の頃にトレーニングができなかったり不十分だったりすると、成犬になってから「困った行動（トラブル）」が出やすくなります。また、トレーニングの方法がその犬に合っていなかった場合も、問題が出やすくなります。

では、成犬で困った行動が起こったとき、もう直すことはできないのでしょうか？ 結論からいえば、対応できる場合とできない場合があります。

対処するかは犬の気質次第です。どこまで緩和できるかは犬の気質次第です。慣れにくい犬は恐怖の対象を避けるなど、暮らし方を考える必要もあるでしょう。

また、他の犬や人に対して、吠えや攻撃的な行動が出る場合。原因はさまざまですが、根底に恐怖があるならば社会化が必要です。どうしても慣れない場合は、散歩の時間を変えるなどの対処が必要になってきます。

◆ 吠えの問題は理由を確認する

成犬でもっとも多いのは、吠えのトラブルです。しかし、怖くて吠えているのか、興奮して吠えているのか対処の仕方が変わってきます。怖くて吠えているならば怖くないと思えるように慣らすことが重要です。

◆ 専門家への相談も視野に入れて

ここでは成犬にありがちなトラブルの対処方法を紹介します。ただし、どの犬にも当てはまるとは限りません。愛犬に合っていないと思ったら中断して、別の方法を探してみましょう。

愛犬のトラブルをどこまで解決するのかは飼い主さんの判断次第です。しかし、トラブルが周囲への迷惑になっていたり、飼い主さんや愛犬に危険が及ぶならば専門家への相談も視野に入れてください。

成犬との暮らし方

インターフォンに吠える
気配や物音に吠える

インターフォンが鳴ったら知育玩具を与えて

インターフォンに反応して吠える犬は多いです。吠えが一時的で、迷惑にならないようならばさほど問題はないでしょう。気になる場合は、インターフォンと犬にとってのよいことを結びつけてください。インターフォンが鳴ったら、ごほうびを入れた知育玩具で所定の場所への誘導を繰り返していきましょう。インターフォン＝知育玩具が出てくる、と学習して、そのうち自主的に所定の場所へ移動するようになります。集合住宅などで廊下の気配や物音に反応して吠える場合も、同様の処置が有効です。

オススメ対処方法

1. インターフォンが鳴って、犬が反応しました。

2. 知育玩具で所定の場所（ベッドやサークルなど）に犬を誘導します。

3. 犬が知育玩具に夢中になっている間にインターフォンに対応しましょう。物音や気配の場合は、それが遠ざかるまで知育玩具で遊ばせます。

② 他の人や犬に吠える / 他の人や犬に飛びかかる

相手に反応する前にごほうびで興味をそらす

散歩中、他の人や犬に対して吠えたり飛びかかったりする行動は、相手や周囲への迷惑になってしまいます。相手に興味が行く前にごほうびを愛犬の鼻先に出して、気を引きましょう。飼い主さんが愛犬の視線をコントロールすることが大切です。

散歩中は、いつものごほうびよりもランクの高いものを用意するなどして、愛犬の興味が「ごほうび＞他の犬、人」となるようにすること。また、飼い主さんが早めに吠えそうな対象を見つけ、回避しましょう。すれ違ったらごほうびを与えます。

オススメ対処方法

① 愛犬が吠えそうな相手を見つけたら、鼻先にごほうびを出します。

② 対象に視線を向けないように、犬を誘導しながらすれ違いましょう。

成犬との暮らし方

③ 拾い食いが多い

リードの長さを調節して口が届かないようにする

好奇心が強く食いしん坊なタイプのヨーキーは、落ちているものに興味を示すこともあります。予防にはリードを短めに持ち、物理的に落ちているものに犬の口を近づけないようにすること。P.66に掲載したようにリードを持てば、左手でリードの長さが調整できます。

犬が落ちているものに向かっていきそうだったら、リードをしっかりと短く持ち犬の頭が下がらないようにしましょう。2～3回リードをツンツン引っ張って、飼い主さんのほうを見たら、犬を促して歩くようにします。

オススメ対処方法

① リードを短く持ちましょう。落ちているものに対して、犬の口に近づかないようにします。

② リードを軽く2～3回引っ張り、犬が自分で顔を上げるよう促します。

③ 犬が自分のほうに意識を向けたら、そのままよくほめながら通り過ぎていきます。

④ 物や場所を守って怒る

別の興味をひくものを与えてみる

自分の食器に執着したり、自分の好きな寝場所に執着する犬がいます。執着の度合いが過ぎて、飼い主さんが食器を片づけようとしたり、寝場所から動かそうとしたときに攻撃行動に出てしまうと問題です。有効なのは、愛犬が対象物から離れているときに行動を起こすこと。例えば食器ならば、他の知育玩具などで遊んでいるときに片づけてしまいましょう。場所を守る場合も同様に、愛犬の気に入っている知育玩具などで他の場所に誘導していきましょう。

オススメ対処方法

① 場所や食器を守ってしまったら、知育玩具など犬の気をひけるものを用意しましょう。

② 愛犬を知育玩具に移動させましょう。

③ 愛犬が知育玩具に夢中になっている間に、食器などを片づけます。

成犬との暮らし方

⑤ 体をさわると怒る

ランクの高いごほうびを食べさせながらなでる

ヨーキーの場合、むやみにさわられるのを好まない子もいます。体罰を受けた、叩かれたなど、手でいやなことをされた経験がある場合は人の手をいやがる場合も……。そういうことをしないのが大前提であり、なおかつ小さい頃から体中にさわられることに慣らしておくのがベスト。

すでにさわると怒るようになっているなら、ランクの高いごほうびを食べさせつつ、少しだけ体をなでることを繰り返していきましょう。いやがったらすぐにやめて、少しずつなでても大丈夫な範囲を広げていきます。

オススメ対処方法

① 愛犬の好きなごほうびを食べさせましょう。なめたりかじったりしながら、時間が長く保つものがオススメです。

② 食べている間にゆっくりと体に触れていきます。いやがったらすぐにやめましょう。

その他のトラブル

牙をむきだす

犬が噛むには、必ず理由があります。嫌いなことをされた、体が痛いのにそこにさわられた、など理由はさまざま。その理由をまず探してみましょう。噛む前には顔をしかめる、うなる、などの行動が出ます。うなり始めたらまず離れて、予防策を採りましょう。専門家への相談も視野に入れてください。

ドッグランで他の犬を追いかけ回してしまう

他の子と遊びたいのに、うまく誘えないパターンです。こちらに悪気はなくても相手の犬や飼い主さんに迷惑がかかる場合があります。呼び戻し（オイデ）ができるようになるまでは、ドッグランを控えたほうがいいでしょう。

来客がいる間中、激しく吠え、複数回来ても慣れない

来客にずっと吠える場合、恐怖が根底にあることが多いです。ずっとストレスにさらされるよりも、来客前に他の部屋に連れて行くなどの対処を。吠えを繰り返さないことが大切です。

交配・出産は慎重に考えよう

→ 繁殖は大きな責任が伴うことを理解しましょう

● なぜ、子犬が欲しいのか まずはよく考えて

かわいい愛犬を見ていると、愛犬の子犬が欲しい、と思う飼い主さんは少なくないでしょう。その気持ちもわかります。しかし、生まれてくる子犬はどんなに小さくてもひとつの大切な命です。その命にきちんと責任が持てるのかを、よく考えましょう。

子犬が何頭生まれるかは、母犬の個体差にもよります。平均は1～3頭くらいですが、生まれた子犬を全部自分で育てるのか、あるいは、子犬のもらい手があるのか。もらい手を探すにしても、動物取扱業の登録など必要な条件を満たしていないと、生まれた子犬を販売することはできません。

そして、母犬のことも考えてあげなければなりません。妊娠・出産にはさまざまなリスクが伴います。母犬の状態によっては、出産時に帝王切開の手術が必要な場合も出てくるからです。

● スタンダードをきちんと 勉強すること

純血種の犬たちは、それぞれスタンダード（P.18～19参照）によって、スタイルの規定があります。
プロのブリーダーたちは、その犬種を守り、正しい血統を残す努力や、スタンダードに近い理想の子犬を生むために、さまざまな勉強をしています。
アマチュアといえど繁殖には、それなりの知識を身につけたいものです。

産ませてはいけない犬を きちんと知っておこう

どんなにかわいくても、繁殖にはふさわしくない犬もいます。次のような場合は、交配をあきらめましょう。

● **小さすぎる犬**
標準サイズから見て、明らかに出産が難しいほど体が小さすぎる犬。

● **スタンダードを継承するうえで、繁殖が禁止されている犬**

● **遺伝性疾患がある犬**
子犬の将来も考え、遺伝性疾患がある犬は繁殖を避けましょう。

● **慢性疾患がある犬**
出産は犬にとって、体力を消耗します。交配前には必ず健康診断を。

交配・出産を望む前に確認しましょう

母犬や子犬の面倒を見る環境が整っているかどうか

出産時には母犬の介助が必要なこともあるので、そばにいてあげられるのか。帝王切開の場合は動物病院へ連れて行かなければなりません。また、生まれた子犬の世話を母犬が見ない場合、人間が1ヵ月間授乳する必要もあります。出産後も考えて、さまざまな世話ができる環境が整っているか確認しましょう。

あらかじめ動物病院で健康状態を診てもらう

交配・出産をさせても大丈夫なのか、まずは愛犬の健康状態をきちんと動物病院で診てもらい、相談することは大事です。遺伝性疾患や慢性疾患はないのか。また、感染症予防のためのワクチン接種は、交配相手のためにも、必ず受けておく必要があります。寄生虫やノミ・ダニの駆除、予防もしておきます。

信頼できるブリーダーに交配について相談してみる

お友達の犬がかわいいからと、安易な気持ちで交配相手を決めるのは避けましょう。子犬の将来のことも考え、母犬が健康な出産をするためには、交配相手は慎重に選ばなければなりません。ヨーキーの繁殖のことを知り尽くしている信頼できるブリーダーさんを探して、相談してみましょう。

Column

犬の気持ちはボディランゲージからも推測できます

犬は表情以外にも、しぐさや態度で喜怒哀楽をたくさん表現してくれます。主なボディランゲージを紹介しましょう。

シッポを振る

犬がシッポを振っているときは、感情が高ぶっているとき。ニコニコした顔で近づいてくるなら、喜んでいると考えられます。しかし、立ち止まったままで顔がこわばっているなら、緊張や怖さから振っている場合も。このときに「喜んでいるんだー」と近づくと、余計に怖がらせてしまう可能性も。シチュエーションや表情をよく見てみましょう。

目をシパシパさせている

まず第一に考えられるのは、目にゴミが入ってしまった場合。または、太陽や電気の光をまぶしく感じているのかもしれません。

でも、例えば、散歩中に犬に出会ったときにシパシパさせるなら「私は敵意を持っていません」というなだめの合図。友好的な気持ちを持っているというサインです。反対に、自分の緊張を緩和させている場合もあります。他の犬からじっと見られている、知らない人に囲まれているときなどに見られます。

体をかく

「あくびをする」と同様、ストレスサインの可能性もあります。初めての場所や人に会ったときに頻繁にかくなら、緊張を落ち着かせようとしているのかも。トレーニング中にかくしぐさが見られるようになったら、犬がもうイヤになっている可能性があります。

その他、四六時中かいているなら、皮膚などに異常がある場合も。こちらも要注意です。

あくびをする

人間は眠いときや気が抜けたときにあくびが出ます。しかし、犬のあくびには別の意味が含まれていることも。例えば、動物病院の待合室であくびを頻発する。これは苦手なことを我慢するための転位行動であり、ストレスを感じているサインです。

また、飼い主さんに叱られているときにあくびする犬もいます。これは「あなたに敵意はないです、だから怒らないでください」というなだめのサインであることも。

もちろん寝起きで、ただ単に頭をすっきりさせたいだけのあくびもあります。前後の状況をよく見て判断したほうがよいでしょう。

耳を後ろに倒している

友人の家に遊びに行ったら、犬が耳をぺたんと後ろに倒している…。そんなときは耳以外のしぐさを見てみましょう。口角があがってニコニコしている、リラックスして弾むように近づいてくるなら友好の証です。「敵意がないですよ」と示しているのです。

一方、口をむっと閉じて、体が固まっているようならストレスのサイン。ドキドキしたりちょっと怖さを感じています。

ヨーキーの中でも気配や物事に敏感な子は、耳がよく動きます。耳と体、表情を全部合わせて判断してあげるといいでしょう。

※犬には個体差があるので、上記のボディランゲージが当てはまらない子もいます。

5 グルーミングの基本と毎日のケア

ブラッシングや歯磨きなど、毎日の習慣にしておくことは愛犬の健康のためにも大切なこと。グルーミングや日々のお手入れなどをご紹介します。

日々のお手入れとグルーミングケア

▽ 習慣化することが大切です

● どんなスタイルでもグルーミングは大切！

ヨークシャー・テリアの皮膚や被毛をきれいに保つためには毎日のブラッシングやグルーミングは欠かせません。

毎日体や被毛を触ってチェックすることは、清潔を保つだけでなく、皮膚トラブルの有無やそのほかの体の異常などに気付くことができる、よい機会でもあります。

そして、体に触られることに慣らすという意味でも、グルーミングは子犬の頃からできるだけ毎日行うように心がけましょう。体に触られることに慣れていれば、病院での診察などもスムーズに受けられます。

● グルーミングのために用意しておくもの

毎日のグルーミング用にまず用意しておきたいものとしては、ブラシ類や歯磨き、爪切り、シャンプーなど。

ヨーキーの場合、シルキーな被毛は繊細なのでピンブラシや櫛は必須です。長いコートの場合にはラッピングも有効です。被毛が細かいので毛切れしないよう気を付けます。

爪切りはギロチンタイプとハサミタイプがありますが、使いやすいもので構いません。ただ、爪が黒い犬の場合、血管が見にくいので、難しければプロにお願いしてもよいでしょう。

歯磨きは現在さまざまなタイプのものが販売されていますが、重要なのは幼い頃から歯を磨かれることに慣れさせておくこと。成犬になってから、急に始めようとしてもなかなかうまくいきません。また歯ブラシは口のサイズに合うものを選びましょう。

用意しておくもの

爪切り　ピンブラシ　歯ブラシ

歯磨きシート　シャンプー　櫛　爪切り（ギロチンタイプ）

お手入れのポイント

顔周りのお手入れ

口元
口元は唾液などで汚れやすい部分。食事や運動の後などに蒸しタオルで拭いてあげましょう。また口の中も定期的に覗いて歯石が溜まっていないかチェックしましょう。

耳
毎日拭く必要はありませんが、定期的に耳の中が汚れていないかチェックをします。耳ダニや異臭がしないか確認しましょう。

目
目ヤニの影響で被毛が変色したりすることもあります。タオルなどで拭きながら、目を痛がっている様子がないか、また目ヤニが多いなどの変化がないか、確認しましょう。

ボディ周りのお手入れ

お腹
皮膚の炎症などが起こりやすい部位なので、皮膚が赤くなったり湿疹などがないかチェック。特に脚の内側などは見落としやすいのでよく確認しましょう。

背中
ブラッシングをしながら、不自然な脱毛や炎症、傷やしこりなどがないかなどを触りながらチェックします。

足元
爪やパッド部分だけでなく、指の間なども時々チェックするのを忘れずに。特にアウトドアに出かけた後などはダニなどもついていないか確認しましょう。また歩き方などもチェックして異常がないか見ておきましょう。

顔周りの日常のお手入れ

目元を ウェットタオルで拭く

ウェットタオルや湿らせたティッシュなどでこまめに拭いてあげましょう。目元は目ヤニや涙などの影響で、毛色が変色しやすい場所です。特に毛色の明るいタイプの犬では目立ちやすいので、こまめに拭いてあげましょう。ウェットティッシュは目に刺激の少ないタイプを使いましょう。

顔周りのブラッシング

耳の飾り毛の部分や胸元は毛玉ができやすい箇所。ピンブラシや櫛を使って汚れや毛玉を取ってあげましょう。

歯磨き

歯磨きは小さな頃から慣らしておけば、抵抗なくできるようになります。歯石があまりにも溜まっている場合には動物病院で取ってもらいましょう。

グルーミングの基本と毎日のケア

ボディ周りの日常のお手入れ

ブラッシングをする

皮膚や被毛の健康のためにもブラッシングは必要です。背中だけでなく、お腹周りや尻尾も忘れずに。ブラシは櫛やピンブラシなどを使って行います。長いコートを維持するには尻尾やお腹周りなど、毛玉ができやすい部分はピンブラシなどでこまめにブラッシングしておく必要があります。汚れがひどい場合には蒸しタオルも有効です。

この部分も忘れずに時々チェック！

耳の中
耳の中も定期的に覗いてみて、汚れている場合にはガーゼやティッシュなどを使って軽く拭いてあげましょう。市販のイヤーローションを使うのもよいでしょう。汚れがひどい状態が続く場合には外耳炎や皮膚炎、耳ダニなどの影響のこともあるので、動物病院で診てもらいましょう。

爪切り
爪は散歩などで擦り減ってくれますが、あまり伸びてしまうと、折れたりすることもあるので、定期的に切る必要があります。ただ、慣れないと深爪をしてしまい、出血をしてしまうこともあります。不安な場合には動物病院やトリミングサロンで切ってもらいましょう。足裏のパッドの間の毛も伸びすぎていたらカットします。

シャンプーとドライング

→ 生乾きは禁物。しっかり乾かしましょう

● 生乾きは要注意

犬の被毛や皮膚と人間の髪の毛は性質が異なります。ですから、人間用のシャンプーやせっけんで犬の体を洗うと、被毛や皮膚を傷めることがあります。シャンプーをする場合には、犬用のシャンプーを使うようにしましょう。また、洗うペースも人間のように毎日洗う必要はありません。2週間に1回程度のペースで十分です。お尻周りや足など汚れやすい箇所は洗面台などで部分洗いをしても良いでしょう。

気を付けたいのが、ドライング。生乾きの状態で放置すると、皮膚を傷める原因にもなります。しっかりタオルとドライヤー、ブラシなどを使って乾かしてあげましょう。ただ被毛が繊細なのでプロに頼むのも手です。

洗う順番

犬の体を洗う場合には、まず足元、次にボディ、そして頭部という順番に洗っていきます。そして流す場合には頭部からボディ、そして足元という順番で流していけば、シャンプーの流し忘れが起こりにくくなります。

また、水を怖がったり、シャンプーを嫌がる犬の場合には、いきなりシャワーをかけるのではなく、体にタオルをかけて、それを濡らしていくことで、びっくりさせないようにして少しずつ水や洗われることに慣らしていくとよいでしょう。

● ヨーキーを乾かす

犬の体を洗う場合、きちんと乾かすことのほうが大切です。生乾きのまま放置すると、雑菌などが繁殖して、皮膚にダメージを与えたりすることもあります。特に皮膚が弱い犬の場合はしっかり乾かす必要があります。ただ、犬の被毛や皮膚は体の部位によって乾きやすい部分と乾きにくい部分があったりして、完全に乾かすには意外と時間がかかります。吸水性の高いタオルやドライヤーなどを使って、しっかり乾かしてあげましょう。

シャンプーが終わったら、まずはタオルを使って、できるだけ水分をふき取っておきます。水滴は上から下に落ちていくので、拭く時も体の上のほうから下に向かって拭いていきます。ある程度水分が取れたら、ドライヤーを使って乾かします。最初は強めの風を毛の流れに沿うように当て、水分を飛ばすように乾かしていきます。

風を当てにくい足の間やお腹周りなどはタオルで水分をふき取りながらドライヤーで乾かしていくとよいでしょう。こういった部分は濡れたままにしておくと、炎症を起こしたりしやすい部分でもあるので、しっかり乾かします。

ある程度乾いてきたら、風を弱め、スリッカーやブラシを使いながら、しっかり乾いたか確認しながら仕上げていきましょう。ドライヤーで乾かしていくと、かなりの量の毛が落ちるので、タオルなどを敷いたうえでドライングをすると、あとで掃除が楽になります。

Column

ペット保険って必要？

　犬だけに限らず、動物医療は日々めざましい進歩を続けています。昔であれば診断できなかったり、治療が難しかった病気も、診断や治療ができる病気が増えてきました。

　そのおかげで、犬の寿命も昔に比べて延びているのは確かなことです。そして、動物医療の高度化にともない、ときに医療費が高額になる場合もあるものです。

　人間には、国民健康保険のような公的な健康保険制度があり、医者にかかったときの医療費を全額負担することはありません。動物には公的な健康保険制度はないため、愛犬が動物病院にかかった場合の医療費は、飼い主さんが全額自己負担することになります。

　そこで、少しでも負担額を減らせることができればとペット保険へ加入する飼い主さんも増えています。ペット保険は任意で加入する保険であり、加入したプランに応じて、医療費が補償され、自己負担額が減るというものです。損害保険会社や少額短期保険業者が手がけています。

　ペット保険にもさまざまな種類がありますから、よく調べたうえで、必要かどうかを判断することが大切です。加入するには年齢制限があったり、健康上の条件があり、持病がある犬は加入できない場合もあります。年齢を重ねるにつれ病気にかかりやすくなることもあり、医療費がかさむからペット保険に入ろうと思っても、愛犬がシニアになってからは加入できないこともあるので、なるべく若い頃に検討しておくことです。

　保険会社やプランによって、医療費の補償割合や保険料にも違いがあります。動物病院でかかった医療費のすべてに保険が適用になるわけでもありません。避妊・去勢手術やワクチン接種など、病気やケガの治療ではないものは適用外となります。病気やケガの治療でも保険会社によって保険が適用するものと適用しないものが違うこともありますから、補償内容をよく読んでおく必要があります。

　また、保険金を請求するにあたっては、動物病院の会計時に補償分を引いて精算されるものと、後日保険金を自分で請求するものとがあります。請求手続きの方法や保険金が振り込まれるまでの期間も保険会社によってさまざまなので確認しておくことが大事です。

　ペット保険に入っていたおかげで、愛犬がもし大きな病気やケガをしたときでも、治療法の選択肢が広がるというメリットはあります。もちろん、愛犬が健康でいてくれたら、保険を使わないままという場合もあります。ペット保険が必要かどうかは、飼い主さんのそれぞれの考え方によります。そしてペット保険に加入する場合は、しっかり比較してから選ぶようにしましょう。

6 シニア犬との暮らし方

犬も人間と同様にシニアになると若い頃と同じようには動けなくなったり、病気がちになったりしていくもの。シニア犬との暮らしのポイントをまとめてみました。

老化のサインを知っておこう

▷ 体や行動の変化を見逃さないようにしましょう

老化に伴う変化にはいろいろあり、犬によっても違いがあります。どこに最初に老化による変化がでてくるのかも、さまざまです。

人間は体の不調を自覚することができて、なにかあれば自分で病院へ行くことができます。でも、犬はなにかしらの不調が起こっても、飼い主さんに気づいてもらわないと自分で対処することはできません。それだけに、そばにいる飼い主さんが愛犬の変化に気づいてあげることが大切です。

愛犬の変化が、老化の症状かなと思っても、もしかしたら病気が原因だったという場合もあります。老化のサインを見逃さないようにして、少しでもおかしいなと思ったら、早めの対処を心がけてあげましょう。

● 老化に伴う変化にはいろいろある

犬も人間と同様に、老化は避けられないもの。老化とは病気が原因で起こるのではなく、年齢とともに自然に体のさまざまな部分が衰えてくることです。そして、そこから二次的に病気を引き起こす場合が増えてきます。

犬の老化は、4歳頃からすでに始まっていると言われています。ただ、老化による衰えは、年齢が若いうちは目立たないことが多いのです。

老化による変化が少しずつ目立ってきて、「なんとなく目が白っぽくなってきたかな」「白髪がでてきたかな」などと、飼い主さんが気づきやすくなってくるのが7歳以降です。

齢だから仕方がない ですませないこと

シニア期に入って愛犬になんらかの変化があらわれた時に、「齢だから仕方がない」と思わないことは大事です。変化の原因は、老化なのか、それとも病気なのか、必ず動物病院で診てもらい、区別してもらうようにします。

シニア犬との暮らし方

年齢とともに見られる主な変化

体の変化

まず気づきやすいのが目の変化。5〜6歳になると核硬化症が起こります。これは人間の老眼と同じで老化現象のひとつ。目が白く濁って見えるのが特徴です。白髪が目立つようになったり、毛づやがなくなるなど被毛にも変化があらわれてきます。筋力が落ちてくると歩き方がふらつくなどの変化も見られます。

行動の変化

老化とともに行動にも変化がでてきます。若い頃に比べて寝ていることが多くなり、関節や筋肉が衰えてくると起き上がるまでに時間がかかるようになったり。これまでは飼い主さんが帰ってきたら喜んで出迎えていたのが反応しなくなったり。愛犬の行動をよく見ておくようにしましょう。

こんな様子が見られませんか？

- □ 目の奥が白っぽくなっている
- □ 白髪が目立ってきた
- □ 毛づやがなくなった
- □ 毛量が減ってきた
- □ 背中が丸まり、頭が下がりぎみ
- □ 皮膚が乾燥または脂っぽくなった
- □ 皮膚にできものが見られる
- □ モノにぶつかる
- □ 寝ている時間が増えた
- □ 呼んでも反応しなくなった
- □ 立ち上がりにくくなった
- □ ジャンプしなくなった
- □ 歩き方がふらついている
- □ トイレを失敗するようになった

シニア犬の食事と運動

→ 健康維持のためにも適切な食事と運動を心がけます

シニア期に合わせた食事内容に切り替えを

若い頃から健康維持のために食事の内容に気をつけるのは大切なことですが、年齢を重ねてきたら、より気を使うようにしなければなりません。

シニア期になると心臓や関節など、さまざまなところに影響がでてきやすくなります。さらに、若い頃に比べて代謝能力が落ちてくるため、腸での消化吸収機能も低下してきます。

老化の進行を少しでも遅らせるだけでなく、高齢になると増えてくるさまざまな病気の予防のためにも、シニア犬に必要な栄養が含まれた食事内容に切り替えます。高品質で消化のよいたんぱく質を与えてあげましょう。

また、運動量が減り、筋肉量が低下してくるため、若い頃よりもエネルギー代謝も減ります。ホルモン系の病気の症状の中には、食べないのに太りやすくなるものもあります。カロリーの面でも注意が必要です。

シニア用のドッグフードには、必要な栄養素がバランスよく含まれているだけでなく、カロリーも控えめになっているので安心して利用できます。

手作り食であれば、塩分を控えめにして味付けを濃くしない、低脂肪で良質のたんぱく質を選ぶこと。例えば、鶏のささみや脂肪の少ない赤身の肉、白身の魚などです。

食欲が落ちているときには、食事を温めて匂いを強くするなど、食欲をそそるような工夫をしてあげます。

サプリメントの使用は動物病院に相談しよう

関節の健康維持をサポートするコンドロイチンやグルコサミンを始め、シニア犬用のサプリメントにもいろいろあります。ただし、過剰摂取はトラブルの原因になることもあるため、使用にあたっては動物病院に相談しましょう。

散歩はできるだけ続けることが大切

年齢を重ねるにつれ、筋肉や関節などが衰えてくるため、少し歩くと疲れてしまうなどして、若い頃と比べて散歩の時間も短くなりがちです。

散歩や運動をしなければ、ますます筋肉や関節が弱ってしまいます。体に特に問題がなく、歩くのが好きな犬であれば、愛犬のペースに合わせてゆっくり時間をかけて散歩を楽しませてあげましょう。筋肉や関節、神経機能の衰弱を少しでも抑えるためには、歩くことはとても大事です。

ただし、心臓が悪くなっていたり、関節炎があったりなど、獣医師から運動を止められている場合は別です。散歩中は愛犬の様子をよく見ておきましょう。今まではちゃんと歩けていたのに、途中で動かなくなってしまったら、なにかしら異常が起こっている可能性が考えられるので、すぐに動物病院で診てもらうようにします。

犬にとって散歩は運動のためだけではありません。家の中では味わえない新鮮な空気、風の感触、さまざまな匂いをかぐことで気分転換になります。

たとえ愛犬が歩けなくなったとしても、カートを利用するなどして、気分転換としての散歩はできる限り続けてあげたいものです。

シニア期の散歩の注意点

無理なく歩かせる工夫を

体に問題はないけれど歩きたがらないなら、家から少し離れた場所まで抱っこして行きます。そして、家に向かって歩かせるようにするのもひとつの方法です。家に早く帰りたくて歩く犬は意外と多いものです。

天候や時間帯は選ぶこと

体力を消耗しやすいので、雨風が強いなど天候の悪い日は無理に外へ出さないこと。また、5月以降は熱中症を起こす可能性があるため、早朝や夜に行いましょう。ただし、熱帯夜の場合は夜でも外へ出さないようにします。

シニア犬の注意したい病気

→ 年齢とともにかかりやすい病気を知っておきましょう

消化器系の病気

◆ 膵炎

膵臓は消化液やインスリンなどのホルモンを分泌する働きをしています。膵炎の原因にはさまざまありますが、免疫が絡んでいたり、高脂肪食を与えたり、肥満などが考えられます。

急性と慢性があり、それぞれで症状は異なります。主な症状として、吐き気、下痢、食欲不振、けいれん、腹痛、元気消失など。急性膵炎では、急性腹症を起こすことがあり、激しい腹痛を出し、命に関わる場合もあります。また、犬では慢性膵炎が急性化することが多いといわれています。

肥満の犬に多く見られる病気ですから、肥満にさせないことが大切です。

◆ タンパク漏出性腸症

なんらかの原因により腸管からタンパク質が漏れ出てしまい、血液中のタンパク質が失われてしまう病気です。原因としては免疫介在性、腫瘍、慢性腸炎などが考えられています。

重度にならない限り、全く症状を出しません。そして重度になると腹水がたまり、下痢が続いて命にも関わります。健康診断などの血液検査で発見されるケースが多い病気ですから、定期的に健康診断を心がけましょう。

皮膚の病気

◆ 脂漏性皮膚炎・脂漏症

皮脂は皮膚を保護し、乾燥を防ぐ役割をしています。皮脂が過剰にたまってしまうと、それが原因となって皮膚炎を引き起こします。

生まれつき皮脂が過剰に分泌しやすかったり（脂漏性皮膚炎）、ほかの病気が原因となっている場合（脂漏症）があります。年齢とともに悪化しやすくなるため、体がベタつく、かゆがっていたら早めの対処を心がけます。

循環器系の病気

◆ 僧帽弁閉鎖不全症

僧帽弁とは、心臓の左心房と左心室の間にある二枚の薄い弁のことをいいます。心臓が収縮した際に心房と心室の間を閉鎖し、血液が左心房へ逆流するのを防ぐ大事な役割をしています。この僧帽弁が老化による変性など、なんらかの原因で閉じなくなってしまう病気が僧帽弁閉鎖不全症です。

シニア犬との暮らし方

主な症状としては、散歩で疲れやすくなる、明け方や夜中に咳をするようになる、呼吸が荒くなる、舌の色が白っぽい、など。また、急性症状として肺水腫に陥ると、よだれや鼻水をたらして息づかいが荒くなり、明らかに苦しそうな状態になります。心臓の病気は早期発見が大切です。

ホルモン系の病気

◆ クッシング症候群

副腎皮質機能亢進症ともいわれ、副腎皮質ホルモンが過剰に分泌されることで、さまざまな症状を引き起こす病気です。主な症状として、水をよく飲む、食欲旺盛でたくさん食べる、腹筋がゆるくなるためお腹がたれさがる、呼吸がやや速くなる、脱毛、皮膚病が治りにくい、などがあげられます。

飼い主さんからすると、若い頃と変わらずによく食べてくれるから安心と思いがちですが、高齢になるにつれて食事の量は多少減ってくるものです。10歳をすぎてよく食べていたら、もしかしたら病気が影響していないのか疑ってみましょう。

◆ 甲状腺機能低下症

甲状腺ホルモンの機能が低下することで、さまざまな症状を引き起こす病気です。主な症状として、元気がなくなる、寝ていることが多くなる、食べないのに太ってくる、真夏でも寒がる、脱毛する、皮膚病がなかなか治りにくい、などがあげられます。

寝てばかりいるのは年のせいだと思っていたら、実はこの病気が原因だったという場合もあります。

そのほかの病気

ヨーキーで7歳以降のシニア犬に見られるものには、ほかにも次のような病気があります。子宮蓄膿症(未避妊のメスの場合)、前立腺肥大(未去勢のオスの場合)、肝臓障害、胆泥症、胆嚢粘液嚢腫、腎臓障害、肺炎、気管支炎、気管虚脱、前十字靱帯断裂、悪性腫瘍など。定期的な健康診断を心がけ、くれぐれも気をつけておきましょう。

認知症について

→犬の認知症とはどのようなものか知っておきましょう

●年齢を重ねるにつれて発症の可能性がある

人間と同じで、犬も高齢になると認知症の問題がでてきます。ヨーキーは犬種的に認知症の発症は少ないですが、全く起こらないわけではありません。あらかじめ認知症に関しての知識があれば、いざというとき安心です。

認知症とは、病気や薬などが原因ではなく、加齢に伴って起こるものであり、脳の解析能力が鈍くなって、行動にさまざまな変化が見られる状態のことをいいます。変化としては状況判断ができなくなったり、異常な行動を引き起こすなどがあります。発症年齢としては12歳以降、年齢を重ねるにつれ増えてきます。

●発症したら獣医師と相談しながら対処を

重度の認知症になってしまうと、飼い主さんもいろいろ大変になってくることもでてきます。一緒に暮らすうえで、どんなことが問題になるかは、環境だったり、飼い主さんの考え方によっても違いがあります。

獣医師とよく相談しながら、どのような対処や治療をしたらいいのかを決めていきましょう。

認知症は早期に発見し、対処していけば、進行をゆるやかにすることが可能であり、改善する場合もあります。そのためには、愛犬の様子をよく見ておき、今までとなんとなく違う行動をしているかなと思った段階で、早めに動物病院で診てもらいましょう。

認知症の治療法には、いくつかありますが、主なものは次の通りです。犬にできるだけストレスのかからないような環境作りをする環境療法。犬を叱らない、適切な運動を心がけるなどの行動療法。DHAやEPA、抗酸化物質の含まれたサプリメントやフードを与える栄養療法。薬を使う薬物治療などがあります。愛犬の状態に合わせて、治療を行っていきます。

また、予防策として認知症を発症する前から、認知症用サプリメントを飲ませ始めると発症しにくいといわれています。できればあらかじめ対策をしておきたいもの。サプリメントについては動物病院で相談してみましょう。

認知症に見られる症状

認知症の症状としては次のようなものがあり、進行するにつれて増えてきます。ただ、似たような症状をあらわす病気もあるので、勝手に判断せず、愛犬の行動の変化が認知症によるものなのか、ほかの病気によるものなのかを必ず動物病院で診てもらいましょう。

見当識障害

たとえば、いつも同じ場所に置いているトイレの場所に行けなくなるなど、今までしっかりとわかっていたことがわからなくなってしまいます。

相互反応の変化

よく知っていた人や犬が、わからなくなってしまう。威嚇するようになったなど、コミュニケーションの変化が見られます。

睡眠と覚醒の周期変化

寝ている時間が今までに比べて増えくる、昼夜が逆転し、昼間は寝ていて夜間に起きてウロウロするなどの様子が見られます。

排泄の変化

これまでは決められたトイレの場所でできていたのに、粗相をするようになるなど、排泄が上手くできなくなってしまいます。

活動量や内容の変化

これまでは活発だったのに活動量が減ってきた、または終始歩いているなど、今までとは違う行動をするようになってきます。

こんな行動をしていたら認知症を疑って

- ☐ 排泄を失敗することが増えた
- ☐ 今までに比べ吠えることが多くなった
- ☐ 隙間に頭を突っ込んだまま動けない
- ☐ 行ったり来たりをくりかえす、ぐるぐると回り続ける、うろつき歩く
- ☐ ぼ〜っとして焦点が合わない目をしている
- ☐ 今まで以上にやたらと甘えてくる
- ☐ 撫でられたり、触られたりするのを嫌がるようになった
- ☐ 落ちたフードをなかなか探せない

Column

愛犬との別れとペットロス

　人間に比べると犬の寿命は短いものです。元気で暮らしているときには、あまり考えたくはないのですが、いつかは必ず愛犬とお別れのときはやってきます。飼い主なら誰もが通らずに過ごすことはできない現実です。

　やがて「その日」が訪れたなら、これまでたくさんの笑顔と思い出をくれた感謝をこめて愛犬を見送ってあげたいものです。

　見送り方には、こうしなければいけないという決まりはありません。どのようにしたいかは飼い主さんの考えにもよります。

　動物専門の葬儀をとりおこなう会社やペット霊園などは数多くあるので、それらに葬儀や供養をお願いする飼い主さんが多いようです。亡くなった愛犬を自宅まで引き取りにきてくれるのか、それとも自分で連れて行くのか。火葬が合同なのか、個別なのか、など形式にはさまざまあります。費用もいろいろですから、くわしい内容を聞いてお願いするところを選ぶようにします。悩んだときは、かかりつけの動物病院や愛犬を見送った経験を持つ友人に相談してみるのもいいでしょう。

　愛犬を見送りしてから、忘れてはならないことが残っています。亡くなって30日以内に畜犬登録をしている市区町村の役場に犬の死亡届の手続きをしなければなりません。必要事項を記入した死亡届とともに犬鑑札、狂犬病予防注射済票を返却します。

　長年一緒に暮らしてきた愛犬を失う悲しみは、耐えがたいものです。いつまでもその悲しみからなかなか立ち直れない人も少なくありません。「ペットロス」とはこのようにペットを失った悲しみのことをいいます。

　亡くなった愛犬に対して「もっとこうしてあげたらよかったかもしれない」「あのとき早く気づいてあげたら」など、悔やんだり自分を責めてしまう気持ちもわかります。ペットロスを乗り越えるためには、悲しい気持ちにきちんと向き合い、思う存分、愛犬のことを考えてあげるのが大事なことなのです。

　愛犬を失った悲しみは忘れたり、消したりは出来ないものですが、愛犬と過ごしてきた楽しい思い出も決して消えることはありません。亡くなったという現実を受けとめ、泣きたいときに思い切り泣く。ペットロスを乗り越えるための方法にもいろいろあります。自分に合った方法を見つけて、少しずつ気持ちが落ち着いてくるのを待ちましょう。飼い主さんが元気を取り戻してくれることを、旅立った愛犬もきっと望んでいるはずです。

ペットロスを乗り越えるために

- **悲しい気持ちを肯定する**
  自分の気持ちを素直に表現し、泣きたいときには思い切り泣くことです。

- **決して無理をしない**
  心身ともに疲れているもの。無理せずがんばりすぎず、ゆっくり休むことも必要です。

- **同じ経験をした人と話す**
  ペットを亡くした経験を持つ人と話をして共感してもらうことで気持ちも落ち着きます。

7

12カ月の健康と生活

日本には四季があり、季節ごとに飼育環境への影響も変わります。日々を元気に暮らすために必要なこと、知っておきたいことなどを月ごとにまとめてみました。

1月

新しい年も愛犬が元気に健康に過ごせるような配慮を

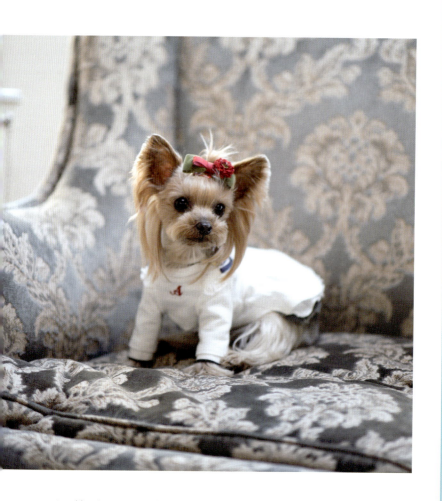

暮らしの注意点
誤飲や思いがけない事故に気をつけて

新しい年の始まりです。この1年も愛犬が元気に、そしてお互いが楽しく過ごせるようにと、どの飼い主さんも願うことではないでしょうか。

さまざまな年間の計画を立てることも多いと思いますから、その中に愛犬の健康管理の計画も加えてみてはいかがでしょう。健康診断や予防接種の時期などを、あらかじめカレンダーや手帳に記入しておけば、うっかり忘れてほかの予定を入れてしまうこともありません。愛犬との旅行など楽しい計画ももちろん大切ですが、犬は自分では健康管理ができないだけに、飼い主さんがしっかり管理してあげましょう。

お正月には、人間だけでなく愛犬にもごちそうを食べさせる機会も増えます。この時期はステーキ肉など、食べ物を喉に詰まらせるトラブルが多いので、くれぐれも気をつけましょう。

犬はふだんならこのくらいの大きさなら大丈夫だろうと思って飲み込むのですが、いいにおいのするおいしそうなものは大きさも考えず焦って食べてしまい、無理矢理飲み込んで喉に詰まらせてしまうのです。食べ物はあらかじめ5mm程度に小さく切ってあげると安心です。また、人間用に調理されて味付けが濃いものや犬が食べてはいけない食材（ネギ類などが含まれた物など）は与えないようにしましょう。

お正月休みを利用して、愛犬を連れて雪が多い地方に帰省や遊びに行くときは、思わぬ事故にも気をつけておきます。一面雪だから遊ばせてあげようと犬が走りまわっているうちに川に落ちてしまったり、崖から落ちたりなど

で骨折する可能性もあります。初めての場所で雪遊びするときは、周囲の環境をよく確認しておくことです。

日常のケア
乾燥による静電気に気をつけましょう

冬は乾燥しているために、静電気が起こりやすい時期です。ヨーキーの被毛は比較的しっとりしています。乾燥して被毛がパリパリになる犬は少ないですが、防寒対策として洋服を着せている場合、フリースなど素材によっては静電気を起こすことがあります。着脱の際などに、愛犬が静電気にびっくりしてしまうこともあるので気をつけてあげましょう。

もし静電気防止剤のスプレーを使う場合は、犬が万が一、なめても安心なものを使うようにします。

子犬やシニア犬の場合

子犬やシニア犬で、寝床を暖めるためにペットヒーターを使っている場合は低温やけどに気をつけます。とくにシニア犬は寝ている時間が長くなるので、ときどき確認してあげます。子犬はなんにでも興味を持つものです。こたつやファンヒーターなど電気製品のコードをかじって感電する事故も少なくありません。コードはカバーをするなどの予防を。

2月

1年で一番寒い時期なので温度管理がより大切です

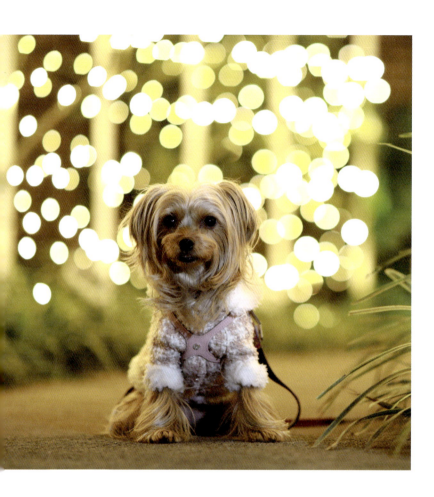

暮らしの注意点

散歩に出るときは寒暖差に注意して

年間を通して、2月は一番寒い日が多い月です。ヨーキーはほかの犬種と比べると冬の寒さが苦手な子が多いようです。特に運動が少なく、筋肉量が少ない犬は寒がります。この時期は温度管理に気をつけてあげましょう。

室内を暖かくしておくことは大事ですが、寒暖差にも注意が必要です。散歩に行くときは、暖かい部屋から、いきなり寒い外へ出さないよう気をつけます。心臓や呼吸器系の病気をかかえている犬は特に注意しましょう。寒暖差で刺激を受けて、咳が出たり、ショックを起こすこともあるからです。散歩に行くときは、暖かい部屋から

出たら、まずは廊下や玄関先など少し気温の低い場所で1〜2分でもいいので体を慣らしておきます。それから外に出すようにと段階をふんであげると寒暖差による負担が軽減できます。

また、寒い時期はどうしても太りがちになってしまいます。その原因として、ふたつ考えられます。ひとつは、夏の暑い時期は食欲は減りますが、涼しくなった秋くらいからは、人間と同じように犬も食欲が増してきます。もうひとつは、寒くなると飼い主さん自身が寒がって散歩をさぼってしまったり、地域によっては大雪でなかなか外に出ることができなかったり、そのために運動不足になるからです。散歩になかなか行けない場合は、意識して室内で遊ぶ時間をつくりましょう。

節分で豆まきをしたときは、きちんと豆を片付けておきます。豆は犬にとって消化が悪いため、食べ過ぎてしまうと下痢を引き起こします。

日常のケア
ブラッシングで血行を促します

太らせないためだけでなく、体をよく動かすことは熱の産生につながり、体が温まります。それ以外に冬の寒さ対策のひとつとして、皮膚の新陳代謝を高めてあげるのも効果的です。
そのためには、ブラッシングや皮膚のマッサージを、毎日行ってあげましょう。血行が促進されることで、保温効果が高まります。寒さ対策以外でもブラッシングを行うのは愛犬の被毛や皮膚を健康に保つために大切です。

また、散歩で雪に濡れたりしたら、濡れた部分はしっかり拭いて、乾かしてあげます。濡れたままにしておくと皮膚病などを引き起こす原因になってしまいます。もし汚れていたら、洗って清潔にしておきましょう。

子犬やシニア犬の場合

子犬も真冬のケアとして、ブラッシングを行います。楽しく慣らしてあげましょう。ヨーキーには少ないですが、遺伝性の病気のひとつに寒冷凝集素症があります。耳の先や爪、尻尾などの末端が寒さによって血行障害を起こすものです。ひどくなると壊死してしまいます。子犬のうちは耳の皮膚も薄いので寒い時期はとにかく暖かくしておくこと。

シニア犬も甲状腺機能低下症などホルモン系の病気をかかえている犬は寒さがこたえます。防寒対策とあわせて、暖房器具による低温やけどにも気をつけておきます。

3月

→ 気温の変化にはくれぐれも注意してあげましょう

暮らしの注意点

散歩中の誤食には気をつけておく

少しずつ春に向けて暖かくなり始める時期です。日差しが暖かくなり、気温が20℃前後になると、犬にとって快適な生活が送れます。湿度も高くなく、犬が過ごしやすい気温の日が多いので、1年を通してほかの月に比べると3月と11月は病気の発症が少ないといわれています。

ただし、まだまだ寒い日もありますから油断は禁物。暖かい日と寒い日との寒暖差が激しいため、そのストレスから体調を崩しやすいものです。体調不良から下痢などを起こす犬が出てくることもあります。

気温の変化に注意して、愛犬の様子

をよく見ておきましょう。少しでもおかしいかなと思ったら、早めに動物病院で診てもらうことが大切です。

暖かくなると、散歩や愛犬を連れて外へ出る機会も増えてきます。それと同時に外での誤食によるトラブルも増える時期でもあるため気をつけます。

冬場に比べ、温度が高くなると落ちている食べ物のにおいが強くなりますから、新しい草が生えてくることで、草むらに落ちているものを犬が口にしても気づきにくい場合もあります。

また、草を食べたがる犬の場合は、できるだけきれいな場所の草を選んであげることが大事です。他の犬や動物の排泄物などが多そうな場所では、感染症の心配があるからです。

愛犬が草を異常に食べる場合は、肝臓など体のどこかにトラブルをかかえている可能性も考えられます。気になるようなら動物病院で受診を。

子犬やシニア犬の場合

この月だけとは限りませんが、ワクチン接種を終えていない子犬の場合は感染症から守るためにも、草むらに連れて行ったり、知らない犬との接触はさけましょう。シニア犬は急激に温度が下がる日もありますから、そんな日は防寒対策をしっかり行ってあげます。暖房器具などは片づけずに、すぐ出せる場所に置いておくようにしましょう。

気温が高くなってくるこの時期からノミが出てくるため、ダニに加えてノミ予防対策も忘れずに行います。

日常のケア　日頃からまめにブラッシングを

暖かくなってくると、ダブルコートの犬種は換毛期が始まってきます。ヨーキーはシングルコートですから、ダブルコートの犬種に比べて抜け毛は少ないとされています。全く抜け毛がないわけではありませんから、ブラッシングを行うことは大切です。新陳代謝を活発にして皮膚の状態をよくすることにもつながります。

また、除草剤をまくことが増える時期でもあるため、散歩中に犬の足についてしまう場合もあります。帰ったら足をよく洗うことも大切です。

4月 フィラリア対策や予防接種などを忘れずに

暮らしの注意点
天気のよい日は積極的に歩かせて

地域にもよりますが、4月末頃からフィラリアの予防を始めます。予防薬を使用する前には、必ず動物病院で血液検査を行います。もしフィラリアに感染していたら、いきなり予防薬を与えるとショックを起こして命に関わる場合があるからです。

年に1回の狂犬病の予防接種、混合ワクチンもこの時期に行われることが多くなります。感染症から愛犬を守るためにも忘れずに行いましょう。

散歩も快適な時期です。なんらかの病気をかかえていたり、体に不調がない限りは、天気のよい日は積極的に歩かせてあげましょう。できれば愛犬の

体重と同じくらいの距離を歩くのが理想です。時間の許す限りはできるだけ多く歩かせてあげます。ただ、4月も終わり頃になると、急に暑くなる日もありますから、そんな日は無理に歩かせないことも大切です。

春は転勤や就職、進学などで、家族の中で変化が起こることもあります。たとえば、お父さんの単身赴任だったり、息子さんや娘さんがひとり暮らしを始めたりと、家族の誰かが家を出ることも多い時期です。それだけに、特にかわいがってくれていた人がいなくなってしまうことで、犬がストレスを感じることも少なくありません。

また、家族揃って引っ越しする場合もあります。引っ越しは、犬にとっても環境が変わるので、できるだけストレスがかからないよう、十分に遊んであげるなどコミュニケーションをとって、1日でも早く新しい環境に慣らす工夫をしてあげましょう。

子犬やシニア犬の場合

生後3ヵ月以上の子犬は狂犬病の予防接種を忘れずに行います。ワクチン接種で動物病院へ行くとき、腸内寄生虫がいないか検便しておくと安心です。シニア犬にも過ごしやすい時期ですが、朝夕が冷える日もあるので注意します。寝床を保温したままで日中も過ごさせると、日中は暑くなってしまうこともあります。こまめに温度変化に気をつけます。

日常のケア　散歩の後は体のチェックを

ヨーキーは、他のダブルコートの犬種に比べると日常的にも抜け毛は少ないといわれています。ただ、ヨーキーにも多少なりとも被毛の生えかわりがあります。いらない毛をそのままにしておくと、通気性が悪くなるだけでなく、毛玉や皮膚病などを引き起こす原因にもなります。いらない毛は必ず取り除いておきます。

散歩中はゴミや埃などが被毛につきやすいもの。帰宅後、ブラッシングで汚れを落とすことも大事です。足を拭くときには、指の間や肉球になにか挟まっていないかなどのチェックも忘れずに。洗った場合はしっかり乾かしておきましょう。湿ったままだと皮膚病の原因になってしまうからです。

5月

→ 愛犬と一緒の旅行は事前の準備が大切です

暮らしの注意点

熱中症にそろそろ気をつけておく

すっかり日中の暖かさも安定してくる時期ですが、5月でも場合によっては暑い日もあります。まだ季節的には大丈夫だろうと油断していると熱中症を起こすこともあります。ちょっと暑いかなと思う日は、散歩中に呼吸を苦しそうにしていないか、歩き方がよろよろしていないか、など愛犬の様子をよく見ておくことです。

4月末から5月上旬のゴールデンウィークを利用して、愛犬と一緒に泊りがけや日帰りの旅行を計画する飼い主さんも多いのではないでしょうか。せっかくの旅行ですから、愛犬と楽しい思い出をたくさん作りたいもの。

12ヵ月の健康と生活

そのためには旅行先でトラブルが起こらないよう事前に準備しておきます。

旅行中、愛犬が突然、体調を崩したり、ケガをすることも考えられます。何かと役立つ調理用のラップを持ち歩きましょう。また、すぐに動物病院へ連れて行きたいけれど、気が動転すると、どうしたらよいか迷うばかりです。出発前に近くの動物病院を数軒探し、場所も含めて携帯電話に登録しておくと、いざというとき安心です。

そして、遊びに行く地域で気をつけておきたい病気などがないかも調べておきます。たとえば、北海道ならキタキツネが主な感染源となるエキノコックス症という感染症があります。どんな病気があるのか、その病気を防ぐにはどうしておけばいいのかを知っておくことが大切です。

車で出かけるときは熱中症予防のためにも、くれぐれも愛犬は車内に置いたままにしないようにします。

子犬やシニア犬の場合

連休を利用して子犬を迎えるという人も多いかと思います。迎えたらできるだけ早めに動物病院で健康診断をしておくと安心です。これからともに暮らす家族と幸せに過ごすために伝染病や先天性疾患、腸内寄生虫を発見しておきます。寒暖差の大きい日もまだありますから、シニア犬は温度管理に注意して、できるだけ一定を保つようにしておきます。

日常のケア 体や耳をかゆがっていないかチェック

暖かくなる5月頃から、少しずつ高温多湿になるため、耳や皮膚をかゆがる犬が増えてきます。

ヨーキーは耳の病気をかかえる犬はそう多くはありませんが、注意は必要です。皮膚病も梅雨に突入する前頃から悪化し始める傾向があります。体や耳などをかいている様子が見られたら、早めに動物病院で診てもらいます。

ふだんから耳の中をチェックしておき、清潔にしておくことは大切ですがお手入れのときに耳の奥へ綿棒を入れてはいけません。耳道や鼓膜を傷つけるおそれがあります。

耳のお手入れは耳専用の洗浄剤を用いて行います。正しい耳洗浄の方法を動物病院で教えてもらいましょう。

6月

湿度が高くなる梅雨は皮膚のチェックを入念に

暮らしの注意点
皮膚以外に呼吸系も気をつけます

ジメジメとした梅雨の時期の到来です。雨の日が続くと、なかなか散歩に行くことはできないもの。そのため、どうしても運動不足になりがちです。室内での遊びの時間を十分にとってあげるなどして楽しく体を動かす工夫をしてあげましょう。

年間を通して、皮膚や被毛を清潔に保つのは欠かせないことですが、湿度が高くなるこの時期は皮膚病を起こしやすくなります。アトピー性皮膚炎をかかえている犬の場合、悪化しやすくなる時期ですから、いつもより特に気をつけておく必要があります。愛犬とのスキンシップをかねて、や

12ヵ月の健康と生活

さしく撫でてあげながら全身の状態を確認してあげましょう。赤くなっているところはないか、しっかり見ておくことが大事です。もし、かゆがっていたら、症状を悪化させないためにも早めに動物病院を受診することです。

皮膚の状態によっては、シャンプーを1日おきあるいは週1〜2回と、いつもの時期より多めに行ってあげることも必要になってきます。ただし、シャンプー剤に気をつけておかないと、かえって状態を悪くすることもあるので、動物病院で相談すると安心です。

湿度が高くなると呼吸器系にも負担がかかりやすくなります。気管虚脱など呼吸器系の病気をかかえている犬はいつもに比べて呼吸が荒くなったり、咳が増えることもあります。ストレスから下痢や食欲不振を起こす犬もいるので体調の変化にはくれぐれも気をつけてあげましょう。

子犬やシニア犬の場合

高温多湿という状況は子犬やシニア犬にもストレスがかかります。成犬に比べると免疫力が弱いため、より皮膚病を起こしやすい時期でもあります。また呼吸器疾患をかかえているシニア犬は、症状が悪化しやすいので注意しておきます。体を清潔に保つことはもちろんですが、除湿器を利用するなどして、湿度管理にも気をつけてあげましょう。

日常のケア
フードやおやつの保管に注意を

梅雨の時期は、細菌やカビが繁殖しやすくなるため、食べ物の管理にも注意が必要です。愛犬が残したものは、もったいないと思わずに処分しましょう。開封したドライフードを保管する場合は密封性の高い容器に入れておくといいでしょう。フードを取り出す際は濡れた手でフードを触らないようにします。おやつも同様に、細菌が繁殖しないよう保管に気をつけます。

ドライフードもおやつにしても、この時期はできるだけ大袋で購入せずに短期間で食べきれるサイズのものにしておいたほうが安心です。

食器もよく洗うことが大切です。飲み水も常に新鮮なものに替えてあげるようにしましょう。

115

7月

暑さ対策は万全にして熱中症から守りましょう

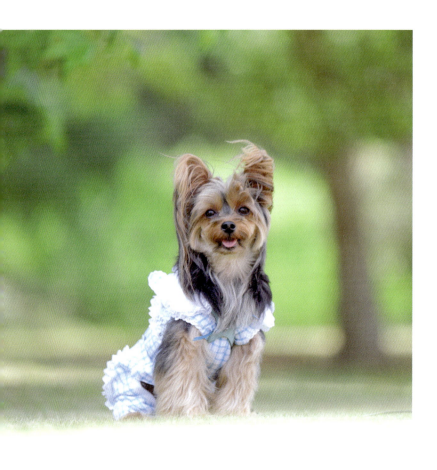

暮らしの注意点

夏の散歩は日中や熱帯夜は避けて

梅雨が終わり、いよいよ夏を迎えます。気温が30℃を超える日も増えてきますから、夏の生活を少しでも快適に過ごさせてあげるために暑さ対策をしっかり行っておきましょう。

ヨーキーに限らず、犬は一般的に暑さに弱いので、この時期、日中の炎天下での散歩は避けましょう。

もし散歩に行くのであれば、朝9時を過ぎると日差しも強くなってきますから、できるだけ早朝の涼しい時間帯に連れて行くことです。

日中を避けて、夜なら大丈夫だろうと思う飼い主さんも多いですが、風があって路面が冷えている夜ならいいで

12ヵ月の健康と生活

しょう。ただし、熱帯夜で風のない夜はやめておきます。路面に放射熱が残っているからです。人間に比べ、路面から距離が近い犬は放射熱の影響を受けやすいものです。

夏の散歩は時間帯に気をつける以外にも、冷たい水を常に持っているようにします。散歩中の飲み水として使えるだけでなく、もしも暑さで愛犬が倒れてしまったときに冷たい水を体にかけてあげることもできるからです。

室内もエアコンで温度調節をしてあげます。日差しが入ってくる部屋やそうでない部屋、マンションか、一戸建てかなど、置かれている環境によってもエアコンの温度設定は違ってきますから、愛犬の様子を見ながら室温の調整をしてあげます。

また、エアコンをつけたまま留守番させるときは、もし停電があった場合にエアコンが切れてしまいます。クールマットを置く、ペットボトルに水を入れて凍らせたものを近くに置いておく、家の中でできるだけ室温の低い部屋で過ごさせるなど、もしものときのための対策をしておきましょう。

日常のケア
シャンプー後は十分乾かすこと

自宅でシャンプーするときは、シャワーのお湯を夏は低めの温度（25〜35℃）で洗うようにします。ありがちなのが濡れていたほうが涼しいし、自然乾燥をさせたらいいかなと、シャンプー後によく乾かさないままにしてしまうことです。蒸れてしまうので、皮膚病を引き起こすことにもなりかねません。夏であってもシャンプー後はしっかりとタオルドライをした後、エアコンや扇風機で乾かすことが大切です。ドライヤーなら冷風で乾かします。

子犬やシニア犬の場合

子犬やシニア犬も熱中症にはくれぐれも気をつけておきます。散歩へ行く時間帯は成犬と同じように注意が必要なのと、子犬は元気なのであまり興奮させすぎてしまうと熱中症を引き起こす可能性があります。寝ていることが多いシニア犬は、エアコンの風が直接あたってしまうと、冷えすぎる場合もあります。寝場所を工夫するなどしてあげましょう。

8月

→ 海や川へ遊びに行くときも愛犬から目は離さないように

暮らしの注意点

迷子になった場合の対策もしておきます

8月は暑さが厳しい日が続きますから、引き続き暑さ対策をしっかり行い熱中症には注意が必要です。

夏休みに家族で旅行するために、愛犬をペットホテルなどに預ける場合もあるかと思います。ワクチン接種をしていないと預かってもらえないところは多いので、予約を入れる前に接種時期の確認をしておきましょう。

預け先でどんなに手厚くお世話されたとしても、やはり自宅とは違う環境で過ごさなくてはいけないため、ストレスに感じてしまう犬は少なくありません。自宅へ戻ってきたら、下痢を起こすなど、体調を崩してしまう犬もい

ます。飼い主さんはそういったことも理解しておくことも大切です。

花火大会や雷なども多い時期です。ふだん聞かないような大きな音にパニックを起こした犬が脱走してしまう事故も少なくありません。

うちの犬は大丈夫と思っていても、パニックを起こすと、どんな行動をとるかわからないものです。脱走したまま行方不明になってしまう可能性もありますから、もしものことも考えて、マイクロチップを愛犬に常につけておきましょう。迷子札を愛犬に常につけておくか、迷子札を愛犬につけておくのも、旅行中にもし愛犬が迷子になった場合にも役立つものです。

海や川へと遊びに行って、愛犬を水浴びさせるときも、リードは離さないように気をつけます。流れの速い川でそのまま犬が流れていってしまったということも起こりかねません。

夏は人間も気がゆるみがちになるので、より注意をしておきましょう。

日常のケア
水遊びの後はケアを忘れずに

川や海で水遊びをした後は、きれいな水で体を洗ってあげます。汚れた水や海水が体に残ったままだと、皮膚病の原因になったりするからです。

また水遊びした際に、濡れたまま日光の当たるところにいると、ホットスポット（急性湿性皮膚炎）が起こりやすくなります。体の表面だけ乾いて、中は濡れた状態だと、むずがゆくなり、犬はそれが気になって体をなめて皮膚に炎症を起こすのです。濡れた体は必ず風通しのよい日陰でしっかりと乾かすようにします。

愛犬が少しでも涼しく過ごしてもらえたらと、水遊びをさせたのに皮膚病になってしまっては意味がないもの。その後のケアも大切です。

子犬やシニア犬の場合

猛暑が続く夏は必ずしも毎日お散歩に連れ出す必要はありません。熱中症以外に熱くなったアスファルトやマンホールの蓋で肉球がやけどを起こすこともあるからです。シニア犬に多い病気のひとつである甲状腺機能低下症の症状に真夏でもふるえるというのがあります。寒くないのにふるえていたら病気を疑って、動物病院で診てもらいましょう。

9月

夏の疲れが出てくる頃なので体調チェックを欠かさずに

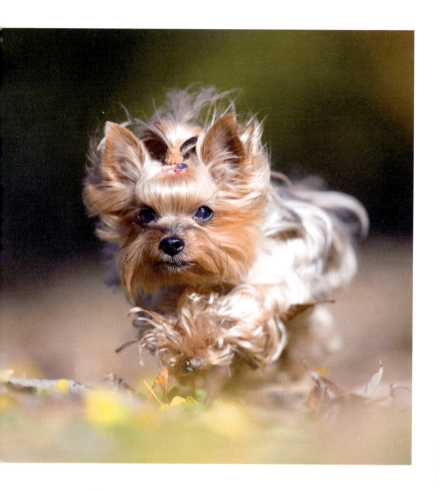

暮らしの注意点

夏バテから胃腸に影響が出る場合も

上旬頃までは残暑の厳しい日もありますが、それでも8月に比べたら少しずつ暑さは落ち着いてきます。過ごしやすくなる時期も、もうすぐです。

人間と同様に犬にも夏バテのような状態になることはあります。夏場の暑さをなんとか乗り切ってきたけれど、そろそろ夏の疲れが出てくる頃です。そのため下痢をするなど、胃腸に影響が出る犬も中にはいます。愛犬の様子をよく見ておき、少しでもおかしいなと思ったら、早めに動物病院で診てもらうようにしましょう。

暑さによるストレスによって、年間を通して一番暑い日が多い8月は、皮

12ヵ月の健康と生活

膚病などが悪化しやすい傾向があります。皮膚病に限らず、どんな病気にしても、いったん悪化してしまうとなかなか治りにくく、9月に入ってもそのまま引きずることもあります。また、皮膚病は状態によって改善するまでに時間がかかる場合も多いものです。根気よく治療を続けることが大切です。

暑い時期は散歩も思うようにできなかっただけに、暑さが落ち着いてきたら、運動不足になった分を少しずつ取り戻していきましょう。だからといって急激に運動させると足腰や心臓に負担をかけてしまう場合もあります。くれぐれも愛犬の様子を見ながら少しずつ行います。

もちろんまだ暑い日もあるので、熱中症にも気をつけることも大切です。台風も多い時期ですから、激しい雨風の音を初めて経験する犬もいます。愛犬が不安を感じているようなら、やさしく声をかけるなどして、少しでも不

安を和らげてあげましょう。

また、ふだんからクレートやハウスに入ることに慣れていれば、犬にとって安心できる場所になっています。クレートの中で落ち着いていられることができれば、もし災害時に避難する場合や動物病院の入院時など、さまざまな場面で役立つものです。クレートレーニングを行ない、安心して落ち着ける場所を作っておきます。

日常のケア
下痢が続くなら早めに対処を

夏バテのときだけに限らず、なんらかの原因によって激しい下痢が続くと脱水状態になるだけでなく、たとえ軽い下痢であったとしても体力を消耗してしまいます。下痢をしていたらできるだけ早めに動物病院へ連れて行き、対処してあげることが大切です。

子犬やシニア犬の場合

まだ暑い日があるので、成犬に比べて体力の弱い子犬やシニア犬はその日の天気によって散歩の時間や量を調整しましょう。熱中症にはくれぐれも注意が必要です。皮膚病以外でも、クッシングなどホルモン系の病気をかかえているシニア犬は、夏場に悪化しやすいため、様子をよく見ておき、ちょっとした変化も見逃さないよう心がけておきます。

10月

食欲が増す季節なので太り過ぎには気をつけます

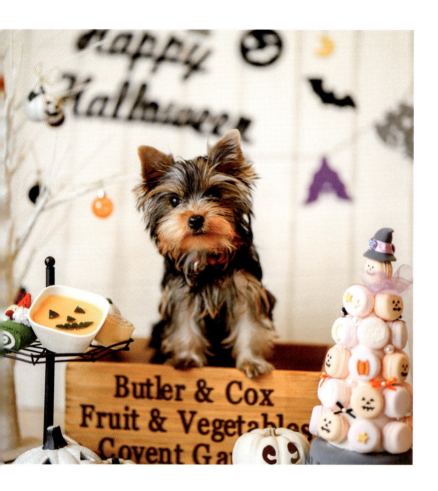

暮らしの注意点

適切な食事や運動で肥満にさせない

すっかり気候も秋らしくなり、人間だけでなく、犬にとっても徐々に過ごしやすい時期になってきます。

食欲の秋、とは人間に限ったことではありません。夏の間は暑さで犬も食欲も落ちてしまいがちです。秋になって涼しくなり、過ごしやすくなってくると犬も食欲を増してきます。

愛犬がおいしそうに食べてくれる姿を見るのは、飼い主さんにとってうれしいものです。だからといって、どんどん食べさせてしまうのは、肥満へまっしぐらになってしまいます。人間もそうですが、食べ過ぎてしまうとあっという間に体重は増えてしまうもの。

12ヵ月の健康と生活

そして、いったん増えてしまった体重を減らすことはなかなか大変です。

肥満はさまざまな病気を引き起こす原因となりますから、愛犬の健康のためにも気をつけておきましょう。

犬の場合、太っているかどうかは、体重だけでは判断は難しいものです。同じ犬種でも骨格にはそれぞれ違いがあるからです。背骨や肋骨、腹部などにどのくらい脂肪がついているかを目安にします。P.73にあるボディコンディションスコアを参考にして、ふだんから愛犬のボディチェックを心がけておくようにします。

ありがちなのが、太ってしまってはいけないと極端に食事の量を減らしてしまうことです。必要な量を与えていないと、お腹が減ってしまい、拾い食いにつながることもあります。愛犬が太ってきたなと思ったら、できるだけ食べる量は減らさず、低カロリーの内容にするなどして調整します。

肥満予防には、食事の内容だけでなく、十分な運動も欠かせません。10月中旬以降になると、気候的にも涼しくなってきて、散歩に最適な時期になります。骨や筋肉を丈夫にするためにも歩くことは大事です。

病気などで獣医師から運動を止められていない限り、天候や愛犬の体調を見ながら、運動の量を少し増やしてあげるといいでしょう。

日常のケア
少しずつ冬に向けた保温対策を考えて

10月も半ばを過ぎると、朝晩が冷え込む日もあります。ヨーキーは寒がりな犬種ですから、洋服を着せるなどそろそろ保温を考えてあげましょう。

ふだんから被毛や皮膚の健康維持のためにブラッシングを行うことは大切ですが、保温対策にもなります。

子犬やシニア犬の場合

子犬も食欲旺盛になりますから、食べ過ぎてしまうと下痢を起こす場合もあるので気をつけておきます。

秋と春は発情期を迎える犬が多いため、7歳以上で未避妊のメスは子宮蓄膿症に注意です。発情が終わった1ヵ月後に発症することが多い病気です。水をよく飲む、食欲が落ちたなど、なんとなくいつもと違う様子が見られたら動物病院へ。

11月

過ごしやすい時期でも気をつけることはいろいろあります

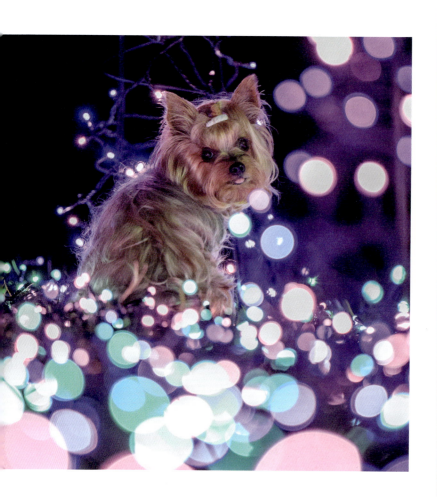

ヨーキーを始め、どんな犬種においても、少し肌寒く感じてくるこの頃は過ごしやすい時期でもあります。

だんだんと朝晩が冷え込む日も増えてくるため、冬に向けての準備を始めておきましょう。夏の間、しまっておいたペットヒーターやストーブなどの暖房器具をいつでも使えるようにしておくと安心です。

気温が下がってくると、ついフィラリアの対策を忘れてしまいがちです。地域によっても違いがありますが、まだフィラリアの予防はしておかないといけない場合があります。フィラリアの予防薬は、蚊がいなくなった1ヵ月

暮らしの注意点
フィラリア対策はまだ必要な場合も

後までは続ける必要があるのです。蚊を媒介して、もしミクロ・フィラリア（フィラリアの子虫）が犬に寄生した場合、子虫が親虫になるのを薬によって阻止しなければなりません。フィラリアの薬が作用するのが蚊に刺されてから、1ヵ月後の虫に対してだからです。蚊は見かけないからもう飲ませなくても大丈夫かな、と勝手に判断したりせず、動物病院でもらっておいた予防薬は余らせたりしないよう、きちんと与えることが大事です。

暖かい地方に住んでいたり、川が近くて緑が多い場所など、蚊がいそうなところによく遊びに行くのであれば、通年、フィラリアの対策をしておくといいでしょう。

寒い地方では、そろそろ雪も降り始める頃です。地面が見えない程度の、うっすらと積もった状態だと、落ちているガラスや先の尖ったものに気がつきにくく、散歩中に肉球をケガすることがあります。凍った路面で滑って骨折や脱臼を起こすこともあるので、くれぐれも気をつけておきます。

日常のケア
保温だけでなく乾燥対策も忘れずに

空気が乾燥してきます。人間もそうですが、乾燥してくるとウイルスなどが侵入しやすくなるものです。朝晩が冷える日の保温とともに、室内に加湿器を置くなどして、乾燥対策も万全にしておくようにしましょう。

暑い夏の間は、被毛を短めにカットしていることも多いかと思います。ヨーキーは寒さに弱いだけに、これからの時期は、被毛を夏より長めにしてあげるのも寒さ対策のひとつになるものです。カットの仕方などトリマーさんと相談しながら考えてあげましょう。

子犬やシニア犬の場合

過ごしやすい季節なので、動きが活発になる子犬が多いと思います。いたずらから誤食する機会も増えやすいので、子犬が口にしたらいけないものは手の届かない場所に片づけておきます。朝晩が急に冷え込んでくると、シニア犬は関節に痛みが出てくることもあります。歩き方がおかしいなどの異変を感じたら、早めに動物病院で診てもらいます。

12月

冬の寒さに備えた対策を行いましょう

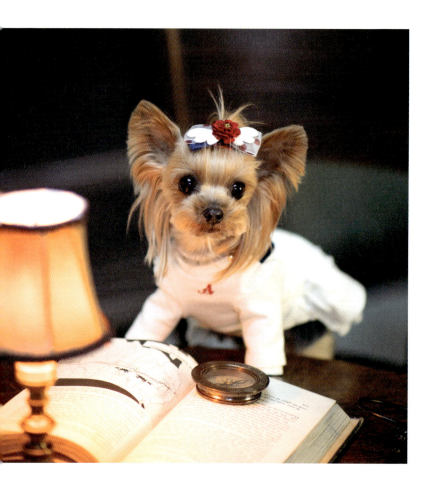

暮らしの注意点

冬もダニ予防は忘れないように

12月にはいると、いよいよ寒さが本格的になってきます。保温や湿度対策をしっかり行いましょう。

ヨーキーは体が小さいだけに、寒さには気をつけてあげます。ケージやサークルの位置は窓際など冷気が入ってくるような場所は避けるようにします。暖房器具の風が直接あたる場所も乾燥してしまうので避けましょう。

愛犬がいつもいる部屋の暖房に、石油ストーブや石油ファンヒーターなどを使っているなら、やけどはもちろん定期的な部屋の換気を心がけておきます。最近の家は密閉性が高いため、部屋の換気をしないままでいると一酸化

12ヵ月の健康と生活

炭素中毒を起こす可能性があります。フィラリアの予防薬を飲ませる時期は終わって、それと同じようにノミやダニの予防を一緒にやめてしまう飼い主さんは意外と多いようです。

ノミは地域によっては11月頃からは見かけることは少なくなってきます。しかし、ダニは1年を通して、草むらなどで生息していますから、予防を続けておくことは大切です。愛犬がダニに刺咬されると皮膚炎などを始め、さまざまな病気を引き起こすだけでなく、ダニは人間にも感染する病気を媒介します。年末のあわただしい時期ですがくれぐれもダニ予防は忘れずに。

またクリスマスには食卓にごちそうが並んだりするもの。愛犬にもごちそうを食べさせてあげたい、と考える飼い主さんも多いかと思います。1月のところでも紹介しましたが、食べ物をうっかり喉に詰まらせたりしないよう与える際は小さく切ってあげます。

日常のケア
皮膚炎や外耳道炎に気をつけます

ヨーキーの場合は季節に関係なく、基本的に毎日ブラッシングすることが大切です。美しい被毛を保つだけでなく、お手入れのときに体のどこかに異常がないかを見つけることにもつながるからです。やさしく声を掛けながらブラッシングを行ってあげましょう。

12月に犬の病気として意外と多いものに皮膚炎や外耳道炎があります。寒い時期なのにどうしてと思うかもしれませんが、その理由は次の通りです。暖房を使い始めて、急激に部屋が暖かくなってくると、カビや細菌も繁殖しやすいために発症することが多いのです。毎日のブラッシングの際には、耳の中や皮膚のチェックも忘れずに行うようにしましょう。

子犬やシニア犬の場合

成犬に比べて、どうしても子犬やシニア犬は抵抗力が弱いものです。それだけに寒さが本格的になってきたら、温度管理に気をつけてあげることが大切です。愛犬が過ごす室内を快適な温度に保つことはもちろんですが、ケージ内の寝床にも暖かなタオルや毛布を敷いてあげるなどして、寝心地のよい環境作りをしてあげましょう。

Column

東洋医学も選択肢のひとつ

医学には、西洋医学と東洋医学とがありますが、どちらも体の不調がある場合に改善させることにおいては共通します。

それぞれの違いを簡単に説明すると、検査などで科学的に実証され、分析された結果、病気を判断し、その病気に向けて投薬や手術などで治療をしていくものが西洋医学です。一方の東洋医学は、自然科学的に伝統的な経験に基づいて、体質や特徴を重視し、本来持っている自然治癒力を高めることで病気の治療を図っていきます。治療には漢方薬だったり、鍼灸などを用いたりします。

西洋医学と東洋医学にはそれぞれいいところがたくさんあります。人間も西洋医学と東洋医学とを上手く使いわけている人は少なくありません。そして、犬をはじめとする動物医療においても西洋医学だけでなく、東洋医学を取り入れている動物病院もあります。

愛犬のためにはどちらを選ぶのか、またはどちらも併用していくのかは、飼い主さんの考え方によります。ただし、西洋医学でも東洋医学でも、知識や経験が豊富な獣医師に診てもらうことが基本です。併用する場合は、

薬にはくれぐれも気をつけておく必要があります。西洋薬と漢方薬の両方を服用することで合併症を起こすこともあります。必ずどんな薬を服用しているのかを、それぞれの動物病院に正確に伝えておくことです。

東洋医学の考え方として、元気のもととなる生命エネルギーの「気」、全身に栄養を運ぶ血液の「血」、リンパ液など体に必要な水分の「水」と、これらの3つ要素で体は構成されているといわれています。そしてこれらの要素を生成しているのが、「五臓（心・肝・脾・肺・腎）」と呼ばれる臓器です。どちらもがバランスが整った状態が健康ととらえられています。これらの中のひとつでもトラブルが起これば、バランスは崩れてしまいます。東洋医学においての基礎理論には五行説といって、ほかにもそれぞれに関連する器官や組織、自然界の特定のものを5つに分類しています。正しい知識を得たうえで、活用してみるのもいいでしょう。

西洋医学と東洋医学、どちらかを否定するのではなく、それぞれのよさを理解して、上手に使いわけたり、あるいは併用することで愛犬の健康を守ることに役立ったり、治療の幅が広がることもあります。いろいろな選択肢があるというのを知っておくことは、もしものときにも心強いものです。

東洋医学では「四診」で診察

- **望診**
  目や舌の状態、顔、体、皮膚の状態などを観察することで、視覚から情報を得ます。
- **聞診**
  呼吸音や鳴き声、体臭や口臭などのにおいなど、聴覚と嗅覚で確認し、情報を得ます。
- **問診**
  食欲があるのかないのか、病歴、変化が見られるなどの情報を飼い主さんから聞きます。
- **切診**
  お腹の張り具合や脈の状態など、実際に体に触れて触覚で確認していきます。

8 病気とケガ

生き物である以上避けて通れないのが病気とケガ。予防できることや、いざという時の備えなどをまとめてみました。

動物病院との上手なつきあい方

→ 信頼できる動物病院を見つけましょう

ヨーキーに限らず、どんな犬種でも病気のときだけではなく、健康診断やワクチン接種、フィラリアなど病気の予防などで、動物病院にはなにかとお世話になるものです。

愛犬が病気になって、いきなり初めての動物病院へ連れて行くのではなく犬を迎えた時点で信頼できる動物病院をあらかじめ探しておくと安心です。

たくさんある動物病院の中から、どのように選んだらいいのか悩んでしまう飼い主さんも少なくありません。

最近はインターネットのクチコミを参考にする人も多いようですが、信用できる情報とは限りません。ネットの情報だけでなく、近所で犬を飼っている人に聞いてみるのもいいでしょう。

獣医師と相性が合うかどうかも、動物病院選びにおけるポイントのひとつです。相性が合う、合わないは、人そ れぞれ、とらえ方によっても違いがあります。近所の人からは評判が良くても、最終的には実際に自分で確かめて判断することが大事です。

● 相性が合うかどうかは 必ず自分で確認を

情報をもらいに行くのを利用する以外に、犬を連れて行かなくても、ウンチかオシッコを持って行って検査してもらうだけでも受付けてくれる場合もあります。院内の雰囲気はどうか、獣医師を始め、スタッフの対応の仕方などを確認しながら判断していきましょう。

● 健康診断などを 利用してチェック

気になる動物病院を見つけたら、電話をしてみて対応の様子はどうかも判断の目安になります。

足を運んで動物病院の様子も見てみましょう。健康診断やフィラリアの薬

病気とケガ

動物病院選びのポイントとしてこんなところをチェック

愛犬や自分に合った動物病院を選ぶ際の目安として、次のようなものがあげられます。参考にしてみましょう。

- ☐ 待合室や診察室など、院内が清潔に保たれている
- ☐ 病気のことや、それに必要な検査や治療について、わかりやすく説明してくれる
- ☐ 検査や治療にかかる費用をあらかじめ提示してくれる
- ☐ ちょっとした相談や疑問に対して、ていねいに答えてくれる
- ☐ 獣医師と相性が合う
- ☐ 家から通院しやすい場所にある
- ☐ スタッフの対応が犬にも人にもやさしい
- ☐ 夜間など緊急時に対応してくれる、あるいは緊急時の連携先を紹介してくれる

マナーを守りながら上手なつきあいを

動物病院にかかるにあたって、飼い主さん側がマナーを守ることは大切です。診察が予約制であるなら、決められた時間を守るようにします。

待合室には、さまざまな動物がいます。愛犬がウロウロしたりしないようリードはしっかり持っておきます。他の動物が苦手という犬なら、外や車の中で待つのも方法です。その場合は受付に声をかけておきましょう。

そして、一度決めた動物病院であっても、必ずしも途中で別の動物病院に変えてはいけないことはありません。治療を続けていてもなかなか回復しない、なにか不安に思うことがあるようなら、セカンドオピニオンとして、ほかの動物病院にも話を聞いてみましょう。特に重い病気にかかっている場合であればなおさらです。

日頃から健康チェックを

――▷ 定期的な健康診断と日頃からのチェックは大事です

愛犬にいつまでも健康で少しでも長生きしてもらいたい、と願うのはどの飼い主さんも同じ思いでしょう。

犬は人間に比べて、何倍もの速さで年齢を重ねていきます。それだけに、なにかしらの病気にかかると、その進行は速いものです。愛犬の健康を守り病気の早期発見・早期治療のためには定期的な健康診断が欠かせません。

健康診断を行う目安としては、7歳までは年1回、年齢とともに病気が増えてくる7歳を過ぎたら年2回、そして10歳以降は年4回が理想的です。ただ、血液検査やレントゲン検査など詳しく診てもらう健康診断は費用もかかります。難しいようなら、最低でも年1回は心がけておきます。

そのかわり、尿検査と便検査だけでも、できれば2〜4ヵ月ごとに行っておくと安心です。ほかの検査と違って犬が痛い思いをすることはありませんし、本格的な健康診断に比べると費用も多くはかかりません。

気軽にできる尿検査や便検査から、いろいろなことがわかります。その結果でなにかしら異常があるようなら、ほかの検査でより詳しく調べていくきっかけにもなります。尿検査と便検査は定期的に行っておきましょう。

● 最低でも年1回は必ず
健康診断を心がけて

犬と人間の年齢換算

犬	人間
1ヵ月	1歳
2ヵ月	3歳
3ヵ月	5歳
6ヵ月	9歳
9ヵ月	13歳
1年	17歳
1年半	20歳
2年	23歳
3年	28歳
4年	32歳
5年	36歳
6年	40歳
7年	44歳
8年	48歳
9年	52歳
10年	56歳
11年	60歳
12年	64歳
13年	68歳
14年	72歳
15年	76歳
16年	80歳
17年	84歳
18年	88歳
19年	92歳
20年	96歳

※あくまでも目安となります。

病気とケガ

愛犬の健康時の状態をよく覚えておこう

日頃から愛犬の様子をよく見ておくことも、病気の早期発見につながります。愛犬のちょっとした変化に気づいてあげられるのは、そばにいる飼い主さんしかいないのです。

愛犬の健康時の状態をよく覚えておけば、なにかしら変化があったときに気づくことができるもの。まずは体型を含め目、鼻、耳、口の中など、全身をよくチェックしましょう。全体を見るだけでなく、体を触りながら、皮膚や被毛の状態、どこかにできものなどがないかを確認していきます。触ってみることでわかるものがあります。

また、5〜6歳になったら、聴診器を持っておくと便利です。おもちゃのような安い聴診器でも十分に心臓の音はわかります。正常時の音を覚えておき、定期的に調べるといいでしょう。

主にこんな部分をチェック

スキンシップをかねて愛犬の体を触りながら確認しておきましょう。少しでもおかしいかなと思ったら早めに動物病院へ。

目
輝きがあるか、色に変化がないか。目やにや涙がいつもより多くないか確認します。

鼻
健康な鼻は適度に湿っています。乾いていたり、鼻水が出ていたりしたら要注意です。

足
歩き方を見ておくのも大切。また指の間が赤くなっていないかなども確認します。

耳
耳垢の色や量、匂いがいつもと違っていないか。耳の内側の皮膚の色も確認します。

口
口臭がする、よだれがいつもより多くなっていないか。舌や歯茎の色も確認します。

尻周り
尻周りが赤く腫れていないかをよく見て。未去勢のオスは左右の睾丸の大きさを比べて違いがないかも確認を。

腹部
やや力を入れて押してみて、なにか触るものがないか。いつもは平気なのに触られるのを嫌がる場合も注意。

伝染性の病気を予防する

— ワクチン接種など必要な予防を心がけておきます

●伝染病から守るため ワクチン接種は大切

犬の病気の中には、予防や治療が難しい病気などいろいろあります。しかし、いくつかの伝染性の病気においては、ワクチン接種をしておくことで予防が可能です。伝染性の病気には命に関わるものも少なくないため、予防できるものは予防しておきたいもの。

法律で接種が義務づけられている狂犬病予防接種と、いくつかの伝染病は混合ワクチンとして接種します。

これらの接種証明書がないと、ドッグランやペットホテルによっては利用を断られることがあります。散歩などでも他の犬と接触する機会がある以上は接種しておくことが必要です。

混合ワクチンには、さまざまな種類があります。住んでいる地域に発症例が多い病気があるか、生活環境や行動範囲などによって、獣医師と相談しながら種類を決めていきましょう。

●フィラリア予防も 忘れずに行いましょう

フィラリアは蚊の媒介によって、犬の肺動脈や心臓に寄生する虫です。やがて動脈硬化が起こり、心臓に負担がかかるだけでなく、腎臓や肝臓、肺などにも影響をおよぼします。

初期の症状はあまり目立ちませんがやがて咳がでてきたり、疲れやすくなり、どんどん痩せていきます。

フィラリアは予防薬を使うことで、防ぐことができます。蚊の発生時期は地域によっても違いがありますから、予防薬を与える期間もかかりつけの動物病院の指示に従いましょう。

万が一、フィラリアが寄生してしまった場合は薬で駆除することは可能ですが、すでに受けた障害は一生治すことはできません。確実に予防することが大切です。

ノミ・ダニ予防と腸内寄生虫について

ノミやダニの予防も大事です。ノミが寄生するとかゆみや炎症以外に、ノミアレルギー性皮膚炎を起こす場合もあります。ダニは、人が刺されると命に関わるSFTSや犬にはバベシア症をはじめとするさまざまな病気を引き起こします。予防薬には種類があるので動物病院で相談してみましょう。

また、腸内寄生虫については定期的に便検査をして調べておきます。腸内寄生虫は種類が多く、地域によってもどの寄生虫が多いか違いがあります。そして、中には人に感染するものもあるため、家族に小さい子どもやお年寄りがいる場合は注意が必要です。

腸内寄生虫に関しては、むやみに駆虫薬を使うことで耐性や副作用の問題が起こります。必ず便検査の結果に合わせた駆虫薬を使うようにします。

ワクチンで予防できる主な病気

病名	特徴	接種について
狂犬病	狂犬病ウイルスの感染によって発症します。発症した犬に咬まれると犬だけでなく人も感染し、発症した場合致死率はほぼ100%です。	狂犬病予防法により、生後91日以上の犬を飼い始めたら30日以内に予防接種を行います。以降は年1回接種が義務づけられています。
ジステンパー	発症した犬との接触や便、鼻水、唾液から感染します。主な症状は発熱、鼻水、咳、嘔吐、けいれんなど。子犬やシニア犬など抵抗力の弱い犬の感染率、死亡率が高い。	これらの伝染性の病気を予防する混合ワクチンは、生後2ヵ月に1回目、次に生後3ヵ月頃、生後4ヵ月頃と接種し、以降は年1回の接種となります。
犬パルボウイルス感染症	発症した犬との接触のほか、汚染された飼い主の服、靴、手、床、敷物からも感染します。激しい下痢と嘔吐を起こし衰弱します。伝染力も致死率もとても高い。	
犬コロナウイルス感染症	発症した犬の便や嘔吐物などから感染。食欲不振、下痢、嘔吐などが主な症状ですが、軽い場合は無症状のことも。細菌や腸内寄生虫との合併症を起こすと命に関わる場合もあります。	
犬パラインフルエンザ感染症	発症した犬の咳やくしゃみ、鼻水など飛沫物から感染します。主な症状は発熱、鼻水、咳など。細菌やほかのウイルスと混合感染すると症状が悪化する場合があります。	
犬アデノウイルス感染症1・2型	発症した犬の咳やくしゃみ、鼻水など飛沫物から感染します。抗原の型により、1型は主に肝臓に炎症を起こす伝染性肝炎。2型は肺炎など呼吸器疾患を起こします。1歳未満の子犬は命に関わる場合があります。	
犬レプトスピラ感染症	ネズミなど野生動物が感染源となり、犬だけでなく人も感染します。レプトスピラ菌はいくつかの種類があり、主な症状は高熱や黄疸など。無症状の場合もあります。	

もしものときの応急処置

→ 愛犬の緊急時には迅速かつ慎重な対処が大事です

● 動物病院へ連絡して適切な指示を受けます

思わぬことで愛犬がケガをして出血がひどい、骨折をしたなど、どんなことが起こるかわからないものです。そんなもしものときに、どう対処したらよいのかを知っておきましょう。

いずれの場合にも共通するのが、まずは動物病院へ電話することです。その場でできることはどうしたらいいのか獣医師の指示に従いましょう。電話をしておくことで、受け入れの準備をしてもらうことができます。愛犬を連れて行ったときに迅速な処置をしてもらうためにも重要です。

愛犬の緊急時にはあわてずできるだけ落ち着いて対処しましょう。

外傷による出血

ケガをして出血がある場合、とりあえず出血を最小限に止めておくことが大切です。次のような方法で出血をおさえるようにしたら、家で消毒しようとせず、動物病院へ連れて行きます。

軽い出血程度なら、傷口を指で押さえます。押さえている指の爪が白くなる程度の力を入れて傷口を圧迫させた状態で5〜10分ほど押さえると出血が止まる場合もあります。

出血がひどい場合は、傷口より上の部分をハンカチやタオルで縛ります。ただし、強く締めすぎてしまうと、縛った部分から下が壊死してしまう恐れもあるので注意します。

また、応急処置として活用できるのが食品を包むラップです。ラップで傷口を包んでおくと湿度を保ってくれるため、細胞が壊死する可能性も低くなります。ラップ以外にも、ガムテープなど粘着性のあるテープで傷口を巻いてもいいでしょう。

骨折

高い場所から落ちたときなど、明らかに足がぷらぷらして骨折したとわかった場合には、くれぐれも患部は触らないように気をつけます。

骨折した場所によっては激しい痛みがでます。へたに触ってしまうと、ふだんはおとなしい愛犬でも痛さのあまり噛むこともあるからです。

毛布やバスタオルで愛犬の体を包み、患部を触ったり、できるだけ動かさないようにして動物病院へ。

病気とケガ

熱中症

高温多湿となる時期や環境では、熱中症に、くれぐれも注意が必要です。体が熱くなっていたら、水をかけて全身をとにかく冷やすようにします。家の中なら水を張ったお風呂に、体をつけて冷やします。

また、ふだんから散歩の際には、冷たい水を持ち歩いておくようにしましょう。水をかけることができない場所であれば、冷やしたタオルや冷えた液体の入ったペットボトルで足の付け根や首のまわりを冷やすようにします。

やけど

ストーブや熱湯などでやけどをした場合、患部に水をかけて冷やします。そして、水で濡らしたタオルで体を包んで動物病院へ連れて行きます。乾いたままのタオルだと、体を包んだときに熱がこもってしまうからです。

火災の場合、直接炎に触れず見た目にやけどの症状がでていなくても、遠赤外線で体の内側に熱を受けている可能性があります。3日～1週間後に皮膚がボロボロになることもあるため、必ず動物病院で診てもらいましょう。

感電

電気コードをかじってしまったなどで感電した場合、まずは二次災害を起こさないようコンセントを抜きます。感電で怖いのが、肺水腫を起こすことが多いため、呼吸が荒くなっていたら、数時間で命を落とす恐れがあります。すぐに動物病院へ。

電気の強さや感電している時間の長さによっては、そのままショックを起こして亡くなることもあるので、電気コードをかじらせないような対策をふだんからしておくことも大切です。

誤飲

人間の食べ物の中には、犬が食べると中毒を起こすものがいろいろあります。食べ物以外にも異物を犬が口にすることもあります。

食べてしまったものによって対処方法は異なります。動物病院へ連絡する際に「どんなものを食べたのか、いつ食べたのか、どのくらいの量か」をしっかり伝えることが大切です。

また、なにかを喉に詰まらせてしまい苦しそうにしている、意識がなくなってしまいそうな緊急の場合は、やむを得ない処置として、犬をさかさまにして背中を叩くことで、詰まったものが出てくることもあります。

ひと目でわかる病気の見分け方
→すぐに動物病院へ行くべきかの目安にしましょう

おしっこにまつわる変化

START: おしっこが出ない。
- YES → おしっこのポーズをとったり、トイレに行くなど尿意がある。
  - YES → 命に関わるのですぐに動物病院へ。
  - NO → 神経や筋肉に問題があるので動物病院へ。
- NO → おしっこの色がいつもと違う。
  - YES → 白眼や歯茎、皮膚の色が黄色い。
    - YES → すぐに動物病院へ。
    - NO → おしっこの色が赤い、または黒い。
      - YES → すぐに動物病院へ。
      - NO → 呼吸が荒い、歯茎が白い、元気がない。
        - YES → すぐに動物病院へ。
        - NO → 排尿回数が多い、尿量が多い、水をよく飲む。
          - YES → 腎不全、糖尿病の可能性があるので、早めに動物病院へ。
          - NO → しばらく様子を見てみよう。
  - NO → おしっこのニオイがいつもより臭い。
    - YES → 与えているフードの影響も考えられるが、念のため動物病院へ。
    - NO → しばらく様子を見てみよう。

食欲がない

うんちが出ない

注意しておきたい主な病気

▷ヨークシャー・テリアに見られる病気にもいろいろあります

犬の病気にもさまざまなものがあります。ここでは子犬から7歳頃までのヨークシャー・テリアが気をつけておきたい主な病気について紹介します。（7歳以降の病気についてはP.98で紹介しています）

目の病気

◆角膜炎・角膜潰瘍

角膜とは眼球の表面をおおっている透明な膜のことです。眼の内部を保護する大事な役割をしています。

7歳頃までは活発に動きまわる時期でもありますから、外傷性による角膜のトラブルが意外と多くあるので気をつけておきましょう。

目をぶつけた、異物が入り目が痛くて目をこすったなどで角膜を傷つけたことで、角膜に炎症を起こすのが「角膜炎」です。さらに、角膜部分を深く広くえぐってしまい「角膜潰瘍」を引き起こす場合もあります。ひどくなると失明につながることもあるため、注意が必要です。主な症状としては、目をしょぼしょぼさせている、涙が多い、目が赤くなる、目をかゆがる、頭に触れられることを嫌がるなどです。

目にはその機能を代用できる物がありません。できるだけ早急に動物病院で診てもらいます。

耳の病気

◆外耳道炎

耳の入口から鼓膜までの間を外耳道といいますが、外耳道に炎症を起こす病気です。原因によって外耳道炎には種類があり、主にマラセチア性と細菌性のものがあげられます。

マラセチアとはカビの仲間で酵母菌です。脂を好む菌のため、脂漏症を持っている犬は、特に注意が必要です。

耳垢が増える、耳をかゆがる、あるいは痛がる、耳の中が臭くて赤いなどが主な症状です。背景にアレルギーが潜んでいることもあります。ふだんから耳の中をよくチェックするのを心がけて、いつもと違うと思ったら動物病院で診てもらうことが大切です。

口の病気

◆歯周病

歯肉をふくめて、歯の周りに炎症が起こる病気です。歯の表面や歯肉ポケットと呼ばれる歯と歯肉の間にたまつ

病気とケガ

たプラーク（細菌塊）が原因です。食べかすをそのままにしておくと細菌の増殖した歯垢となり、3〜4日で歯石となってしまいます。

歯周病の主な症状としては、歯肉が赤く腫れて口臭が強くなってきます（歯周炎）。炎症が進むにつれて歯肉は後退し、歯槽骨を溶かし、歯はぐらつき、ついには歯が抜けてしまいます。

また、歯周病菌が原因となって心内膜炎や腎臓病など、ほかの病気を引き起こす場合もあります。

若い頃から歯みがきの習慣をつけておくことが、歯周病の予防につながります。心がけておきましょう。

◆ 乳歯遺残

乳歯は通常は生後4ヵ月頃から抜け始めてくるものですが、抜けないまま残ってしまう場合があります。

小型犬全般に見られ、ヨーキーにもよく見られます。そのままにしておくと乳歯と永久歯の間に歯垢や歯石がた

まり、歯周病を早期に引き起こします。治療としては残っている乳歯を抜くか歯みがきをていねいに行うかです。

◆ 欠歯

犬の永久歯は通常42本あるものですが、欠歯とは本来なら生えてくるはずの永久歯が生えてこないという状態をいいます。原因のほとんどが遺伝性のものといわれています。

脳の病気

◆ 水頭症

脳脊髄液の代謝異常によって脳が圧迫されることで、さまざまな症状を出す病気です。原因のほとんどは先天性といわれています。

脳の圧迫されている程度によって症状は違ってきますが、軽いと無症状という場合もあります。中等度から重度では、歩き方がふらつく、目の焦点が合わない、常にふるえているなどの行動異常が見られます。少しでもおかし

子犬の低血糖症に注意

子犬を家に連れてきて、1週間以内のうちに起こりやすいのが、低血糖症です。子犬の時は環境の変化によるストレスを感じやすく、ストレスが原因となって血糖値が急激に低下する場合があります。元気がなくなって、ふらふらになったと思ったら、いきなりけいれん発作を起こすことが主な症状です。

ヨーキーは低血糖を起こしやすい犬種なので家に連れてきたら子犬の様子をよく見ておきます。

ブドウ糖の投与を行うことで治るものなので、あわてずに動物病院へ連れて行きましょう。

いと思ったら早めの診断を心がけて。

◆ てんかん

けいれん発作を起こす代表的な病気です。脳に障害があるために起こるものの、検査をしても脳の構造上には異常が見つからないのが特徴です。

発作のあらわれ方はいろいろで、起こる頻度も毎日のものもあれば、月に1回、年に1回と個体差があるので気づきにくい場合もあります。治らない病気ですが、抗てんかん薬の投与で発作をコントロールすることは可能なので、過剰な心配はいりません。

皮膚の病気

◆ カラーダイリューションアロペシア

生後半年から2歳くらいまでに、被毛が薄くなってしまう遺伝性の病気です。切れ毛のような状態になってしまうために、被毛が長く成長しません。治らない病気ですが、上手につき合っていくことになります。

◆ 牽引性脱毛症

リボンやゴムなどで強く結ばれ、被毛が引っ張られることで起こる脱毛症です。最初のうちは皮膚に炎症が起こるだけですが、引っ張られることが続くうちにその部分が脱毛してしまいます。刺激を与えなければ自然と改善していくので、ゴムで結ぶ際にはくれぐれも気をつけるようにしましょう。

足にまつわる病気

◆ 膝蓋骨脱臼

膝のお皿（膝蓋骨）が外れてしまう病気です。先天的に膝関節の周りの筋肉や骨、靭帯の形成異常で起こる場合が多く見られますが、後天的に滑りやすい床で走ったり、高い場所から飛び降りたときなどにも起こります。

そのままにしておくと前十字靭帯断裂を起こしやすくなり、強い痛みと一生の苦痛をかかえさせることになります。膝蓋骨脱臼はその程度によってですが、成長期の手術がおすすめの場合が多いです。後ろ足をあげる、歩き方がいつもと違う場合は早めに動物病院で診てもらいましょう。

◆ レッグカルベペルテス

大腿骨頭壊死症ともいわれる病気で本来なら大腿骨のくぼみに収まっています。大腿骨頭の血行が悪くなることで、大腿骨頭が壊死を起こし変形するため、足を動かすと強い痛みが出ます。

主な症状として、足をあげる、歩き方がおかしい、腰や足に触られることを嫌がるなどの様子が見られます。先天的な病気なので、発症は1歳までの間が多いといわれています。状態が悪い場合は手術を行います。

◆ 橈尺骨の骨折

小型犬のヨーキーの骨はとても細く、小さな衝撃でも簡単に骨折します。中でも多いのが前足首より少し上部にある橈骨、尺骨の骨折です。どちら

の骨も、つまようじほどの太さしかありません。非常に細い骨ですが、運動をよくすることで粘りのある骨折しにくい骨になります。できるかぎり長い時間のお散歩を心がけましょう。

循環器系の病気

◆門脈体循環シャント

先天的に門脈という血管に異常がある病気です。門脈は胃、小腸、大腸、脾臓、膵臓などから集めた血液を肝臓へ送る働きをしています。肝臓で解毒された血液が心臓に送られます。

門脈に異常があると肝臓へと送られず、直接心臓へ送られてしまいます。解毒されていない血液が全身に送られることで体の中に毒素がたまり、さまざまな症状を引き起こします。

主な症状として、食後の神経症状、食欲不振、吐き気、下痢、発育不良などが見られます。重症の場合は命に関わってきます。多くは成長期の間に手術を行います。

神経系の病気

◆環椎軸椎不安定症

首の環椎（第一頸椎）と軸椎（第二頸椎）の関節の構造がゆるくなって不安定になり、脊髄神経を圧迫することでさまざまな症状を出す病気です。

原因には先天性と外傷性があり、多くは1歳までに起こる先天性のものです。抱きあげたときに首が動くと痛みを出すため、キャンと鳴いたり、歩き方がおかしいなどが主な症状です。重症になると脱臼を起こし、重度の場合は手術が必要になります。

泌尿器系の病気

◆膀胱炎・膀胱結石

尿道や血管から入った細菌の感染、結石あるいは腫瘍によって膀胱に炎症を起こす病気です。

本来なら、おしっこをためておく膀胱の働きが低下するため、おしっこの回数が増えてきます。ほかにもおしっこの色が濃くなる、臭いが強くなるなど。おしっこの変化が見られた場合は尿を持参して早めに診察を受けます。

おしっこをしたいのに出せなくなったときに疑われるのが膀胱結石による尿道閉塞です。尿道閉塞を起こしたままでいると、3～4日で命に関わるため、早急に受診します。膀胱結石にはさまざまな種類がありますが、多くは食事療法によって改善されます。

予防はできませんが、早期発見が大事です。生後6ヵ月頃から半年に1回でもよいので、尿検査や膀胱の超音波検査を行っておくと安心です。

健康・医療記事監修：**野矢雅彦**
ノヤ動物病院院長。日本獣医畜産大学獣医学科卒業後、1983年にノヤ動物病院を開院。ペットの診察・治療をはじめ、動物と人とのよりよい関係作りのために、ペット関連書籍の執筆・監修も多く手がけるなど幅広く活動している。ノヤ動物病院　http://www.noya.cc/

トレーニング関連記事監修：**中西典子**
1965年生まれ。ふとしたきっかけでミニチュア・シュナウザーを飼い始め、その魅力にはまり、犬の訓練士に転職。日本の家庭犬訓練所で修業後、シドニーへ渡り、ドッグテックインターナショナルのドッグトレーニングアカデミーを修了。2002年に自身のドッグスクール「Doggy Labo」を設立。犬の気持ちに寄りそうトレーニング方法が好評で、現在までの経験頭数は2000頭を超える。現在、ドッグトレーナーとして活躍するかたわら、保護犬をサポートする活動も行っている。「犬のモンダイ行動の処方箋」（緑書房刊）など、著書も多数。

編集：溝口弘美、伊藤英理子
デザイン：岸 博久（メルシング）
写真：中村陽子（dogs 1st）、安斉喜久、Pixta
イラスト：ヨギトモコ

犬種別　一緒に暮らすためのベーシックマニュアル
もっと楽しいヨークシャー・テリアライフ　NDC645.6

2019年3月20日　発　行

編　者	愛犬の友編集部
発行者	小川雄一
発行所	株式会社 誠文堂新光社
	〒113-0033　東京都文京区本郷3-3-11
	（編集）電話 03-5800-5751
	（販売）電話 03-5800-5780
	http://www.seibundo-shinkosha.net/
印刷所	株式会社 大熊整美堂
製本所	和光堂 株式会社

©2019, Seibundo Shinkosha Publishing Co.,Ltd.
Printed in Japan 検印省略
禁・無断転載
落丁・乱丁本はお取り替え致します。

本書のコピー、スキャン、デジタル化等の無断複製は、著作権法上での例外を除き、禁じられています。本書を代行業者等の第三者に依頼してスキャンやデジタル化することは、たとえ個人や家庭内での利用であっても著作権法上認められません。

JCOPY　<（一社）出版者著作権管理機構　委託出版物>
本書を無断で複製複写（コピー）することは、著作権法上での例外を除き、禁じられています。本書をコピーされる場合は、そのつど事前に、（一社）出版者著作権管理機構（電話 03-5244-5088／FAX 03-5244-5089／e-mail:info@jcopy.or.jp）の許諾を得てください。

ISBN978-4-416-51922-6